TRAVAILLER MOINS,
TRAVAILLER AUTREMENT OU NE PAS TRAVAILLER DU TOUT

脱成長がもたらす働き方の改革

SERGE LATOUCHE
セルジュ・ラトゥーシュ
中野佳裕＝訳

白水社

脱成長がもたらす働き方の改革

〔目次〕

［凡例］

⦿本書はSerge Latouche, *Travailler moins, travailler autrement, ou ne pas travailler du tout*, Paris, Bibliothèque Rivages, 2021の全訳である。

⦿本文の〔 〕内の語句は、原著にはない訳者による補足説明である。

⦿原著の《 》は「 」で表わした。

⦿原著のイタリック体は傍点もしくは「 」で強調した。

⦿組織・団体名に関しても、必要に応じて「 」で括り識別しやすくした。

⦿読みやすさ、理解のしやすさを考慮し、原著にはない改行を適宜加えた。

⦿原著で（ ）が多用されており煩雑な箇所は、文意が変わらない範囲で（ ）を取り除き、本文と同格の文として訳出した。

⦿原著における単語や数値の誤記、原註の書誌情報の間違いは、引用元を調べ直して適宜訂正した。

⦿原註は［ ］、訳註は❖で示し、巻末に一括して収録する。

「貧乏で、楽しく、そして自主独立！　――この結合は可能である。貧乏で、楽しく、そして奴隷！　――この結合もまた可能である。――私は工場奴隷制度の労働者たちに対して、こんなことぐらいしかいえない。現在のように、彼らが一機械のネジとして、いわば人間の発明能力の不足を補うものとして、使いきれられることをまったく恥辱と感じない場合に！　賃金が高ければ彼らの悲惨の本質的なものが、すなわち彼らの非個人的な奴隷化が、除かれるなどと信じるばからしさ！　この非個人性の増大によって、新しい社会の機械化した営みのなかで、奴隷制度の恥辱も、美徳となるなどと説き伏せられるばからしさ！　もはや個人でいられず、ネジの値打ちになってしまうばからしさ！　諸君は、なによりもまずできるだけ多く生産し、できるだけ富めるものになろうとする諸国民の現代的愚劣の共謀者なのか？　彼らに差引勘定をつきつけてやることこそ、諸君の仕事のはずだ。なんと大きな内面的な価値の総額が、そうした外面的な目標のために投げ捨てられていることか！　だが諸君が自由に呼吸するとは何の意味かもはやわからないなら、諸君の内面的な価値などどこにあるだろう？　ほんのわずかでも君ら自身を意のままにすることができないなら？」

――ニーチェ『曙光』二〇六節【三】

序章

現代社会、とくにフランスでは、労働についての発言ほど矛盾にみちたものはない。それはしばしば同一人物から発せられ、時代の雰囲気を証する驚くべき認知的不協和音を奏でている。これは、経済・政治のエリートのみならず世論においてもそうだ。国家の首脳はより多く働くことの必要性を主張し、ほぼ同時に労働の終焉という展望を示すことがある。また、一般市民はロボット化による雇用喪失を懸念し、賃労働制度の廃止を約束し実現化するあらゆる企図《プロジェ》をまったくもって空想的と考えるからだ。

労働の変容《メタモルフォーズ》または終焉についての予言と、労働イデオロギーの非現実的な再燃との狭間《はざま》で、我々は迷走していると言わざるをえない。そう認めなければならない。

この労働イデオロギーの再燃は、フランスが「余暇の公園」に転落することを非難したラファラン（シラク政権時代の首相〔在位期間は二〇〇二～二〇〇五年〕）の主張や、フランスの失業率が一〇％の大台を超えてリストラ計画が増加していたまさにそのときに、労働のさらなる商品化を要求したセイリエール男爵（当時のフランス企業連合〔Ｍｅｄｅｆ〕の会長）の宣言に見出せる。[2]

退職年齢についても同様の混乱が見られる。一時的な早期退職ブームののち、世の中は定年を引き上げる傾向にあるからだ。ウィム・コックの欧州報告書（二〇〇三）によると、「六十歳以降の労働は当たり前となるべきだ」[3]という。

右派陣営も左派陣営も、最低所得保障制度（ＲＭＩ）[4]によるスピーナムランド制度❖1への回帰を非難し、「市民権所得❖2」を要求し、週三五時間労働政策❖3を攻撃した。そしてその後、フランス社会（右派と左派の混合）は、あらゆる西洋社会と同様、労働問題に関して方向性を見失っている。この状況は一九九〇年代のさまざまな宣言によって例証されるわけだが、あれから三〇年経過した現在でも、物事は大きく変わっていない。

二〇〇五年にＭｅｄｅｆ会長職をセイリエール氏から引き継いだパリゾー女史は、不安定労働（および恋愛）をめぐる彼女の有名なメディア発言で当時の新聞を騒がせた。そして彼女の後継者やマクロン大統領の発言は、労働を通じた社会的包摂――たとえ街中をあちこち歩き回ったとしても存在しない❖4――に関して、まったく同じことを繰り返している。世間は古びたレコードを聴いているような印象を抱いている。その一方でロボット化は進行し、ＡＩが現実をさらにバーチャルなものに仕立て上げている。

以上はすべて風刺《カリカチュア》として述べたわけだが、この問題は右派・左派の政治家だけでなく、有権者や知識人、とりわけ経済学者を困惑させずにはおれない。[5]

ピエール・カルルの映画『危険な労働に気をつけろ』[6]のチラシには、一九六八年のシチュアシオニストのスローガン「若者よ、働くな！」が再び採用されている。このスローガンは、カール・マルクスの娘婿ポール・ラファルグの代表作『怠ける権利』の諸々のテーマを想起させもする。「退却せよ！　労働の世界を唯一の希望……定年退職と同一視してはならない。定年退職を勝ち取るためにあなたの人生を失ってはならない。あなたの人生を夢見る代わりに、あなたの夢を今すぐ生きなさい。賃労働という奴隷制度はくそくらえ！　オルタナティブなライフスタイルを生きるのだ！」という贅沢な言葉とともに。討論への参加に招待された私は、この問題に関する議論が賃労働制度の支持者とその敵との間で大きく意見を分かつことを確認することができた。多くの人々にとって、「働き方を変える」とは撞着語法であり、矛盾、すなわち鯉とウサギを結婚させるようなものに映るのだ。他方で、ある人々にとっては労働の放棄は常軌を逸した行為に思われるのである。

後期近代の三つの約束、すなわち「**豊かな社会のおかげでより多く稼ぎながらより少なく働く**」「**余暇文明の恩恵を受けてより快適に働く**」「**新技術の恩恵を受けてまったく働かない**」は、資本主義経済のなかで暮らす限りは完全に幻想だ。だが反対に脱成長は、これら裏切られた約束を実現することができるかもしれない。脱成長は、労働の量的削減と質的転換を同時に意味し、賃労働関係の廃止を達成する。

我々が暮らす経済成長社会は生産力至上主義と消費主義的経済に支配されている。この社会では、労働時間の短縮、もしくは**より少なく働く**ことは、週三五時間労働法案が示すように社会的闘争によって獲得されうる。しかしこの事例は、労働時間短縮が労働の集中度に対するより強い圧力（単位時間当たり生産性の増加）へと転換することを示している。すなわち労働時間短縮は一時的かつ不安定なものであり、結局のところ、解放された時間がイヴァン・イリイチの言う「シャドウ・ワーク」（通勤時間の増加、事務仕事の外部化）に回収されるか、気晴らしのためのエンターテイメント市場（テレビ、商品化されたレジャー）の餌食になってしまう。労働時間の大胆かつ必要な短縮は、経済を動かす「オペレーション・システム（ＯＳ）」と経済競争への執着、すなわち経済成長社会の論理との決別によってのみ実現可能となる。

経済成長社会のなかで労働の中身、すなわち**働き方を変える**ことは決して不可能ではない。リモートワークや独立起業家など、一見すると革新的に見えるが間違ったモデルが存在する。また、南側諸国のインフォーマル経済や北側諸国の社会的連帯経済[5]など離反的な経済活動を受け入れる傾向もある。大なり小なりやむをえない状況から生じているそのような状況のなか、アソシエーション、共済組合、協同組合などのオルタナティブな経済活動が増加している。だが市場経済と併存するこの限定的な経済活動は、有機農業やケアサービスなど、一時的に発生するニッチでしか存続できない。しかも、信用共済組合・保険共済組合、シェアリング・エコノミーのように、消滅の危機に瀕するか、市場経済に回収されてしまう脅威に常に晒《さら》されている。ここでもまた、支配的な経済システムとの決別なしに真のオルタナティブは実現しない。

第三のフロンティアである賃労働の廃止、**まったく働かない**ことについて考えてみよう。賃労働の廃止は、活動的連帯所得手当（ＲＳＡ）が働かなくても生存できるベーシック・インカムの先駆けになると考えない限り、生産力至上主義的な社会での実現はありえない。約束は存在するものの、我々が前進すればするほどその実現は常に遠ざかる。機械時代の始まり以来、労働から解放された世界というユートピア、さらには余暇文明の到来というユートピアが絶えず予言されてきた。ロボット化やＡＩの進化にともない、その声は一層高まっている。だが我々が目の当たりにしているのは、人類学者デヴィッド・グレーバーが「ブルシット・ジョブ」と非難した類《たぐ》いの労働の拡大である。[7] トランスヒューマニズムの予言者たちは、普通の人間である大多数の人々の隷属状態が強化されると予想している。つまり多くの人々は、トランスヒューマニズムの教祖の一人の巧みな表現によると、低水準のベーシック・インカムによって生存する「未来のチンパンジー」となる宿命にある。他方で、多額の収入を得る「サイバー人間」のエリートたちは、最善世界の管理のために働くだろう。ここでもまた、経済成長社会との決別なくして真の解放は存在しない。

賃労働に基づかない社会活動を自主的に選択することで人類が成熟する道は、脱成長の企図によって予見されている。その道は、経済パラダイムの外部で発明されるべきだ。

第一章

より少なく働く

経済システムがより少ない労働量で、膨大な富を生産する。だが、経済システムは、すべての人が収入を失うことなく、もっと少なくしかももっと上手に働けるような労働再分配を拒絶する。経済システムは、むしろ、労働力人口のある部分はフルタイムで働き、またある部分は失業し、最後の部分は、今増加中であるが、時間を削減されしかも給与も削減されて働くほうを好むものである。

アンドレ・ゴルツ[8]

労働に関する脱成長政策の各段階は、他の二つの段階を内包している。したがって、「まったく働かない」という考え方は労働時間の短縮と労働内容の変革を含意しており、「働き方を変える」という考え方は時間の制約と隷属状態からの解放を想定している。そして「より少なく働く」という考え方は労働の質的転換と労働依存からの脱却を目指している。良心的な経済成長反対論者[1]にとって確かなことは、より少なく働く必要があるとしたら、それはより多く稼ぎ、万人が働き、より良く生活するためであるということだ。

より多く稼ぐためにより少なく働く

「節約のためにもっと消費しよう！」というスローガンを政権与党や野党党首が掲げたと想像してみよう。経済学者やあらゆる分野の専門家はみな、需要と供給の神聖な法則に矛盾するこのばかげた宣言をあざ笑うだろう。もっともだ。例えば、原油価格高騰に反対する黄色いベスト運動の不平不満に直面した仏大統領の回答が、「あなたたちのすべきことは、ガソリン価格が下がるまで原油をもっと燃やす以外にありません」だったとしたら、どう思うだろうか?

経済学という疑似科学の数理化されたがらくたの山の中にわずかながらの良識があるとすれば、それはイエール大学の偉大な経済学者アーヴィン・フィッシャーが学生のあらゆる質問に対して繰り返していた「需要と供給の法則」である……。しかし、これは前述の「より多く稼ぐためにより多く働く」というスローガンと同様に冒瀆的だ。このスローガンは、二〇〇七年の仏大統領選で声高に喧伝され成功を収め、ノーベル賞候補となった経済学者から少しの反対もなく現政権〔第一次マクロン政権、二〇一七~二〇二二〕の羅針盤として用いられているが、さらに驚くべきは、その犠牲者である賃労働者や彼らを守るはずの労働組合の側から大きな反対が出てこないのが常態化している点だ。解明すべき謎がここにあるのは明らかである。

経済学者にとって、このスローガンは偶像破壊的であるに違いない。なぜなら普通の人々とは異なり——もちろん良心的な経済成長反対論者とも異なり、経済学者やフランス企業連合(Medef)にとって、労働は他の商品と同じく一つの商品であり、そうあるべきだからだ。労働は、石油と同じように、資本主義的生産に必要な他の投入量とあらゆる点において比較考量可能なものとして扱われなければならない。その結果、賃金と呼ばれている労働価格は通常、労働力の需要に対してその供給が増加すると下落する傾向にある。例えば、すでにある職位に就いている労働者が今よりもっと多く働こうという意思を示したとする。これは産業空洞化を回避するために近年より頻繁に見られるようになった現象である。理論的に厳密に言えば、労働時間量が過剰供給状態にあり、需要に対して雇用を必死になって探さなければならない労働市場——提案されている雇用の数がきわめて不十分な状況（現実を非常に低く見積もっている操作された公式の統計によると一〇％近い失業率がそれにあたる）——では、市場価格、つまり賃金の大暴落が起こるだけである。

反対に、さまざまな歴史的局面が証明するように、労働時間の供給が減少すれば賃金は上昇する。例えば十四世紀のペスト大流行の時代、労働力不足を理由に賃金価格に上昇圧力がかかったため、当時の公権力は労働者調達競争の犠牲となった雇用主に対して賃金の先行的上昇に制限をかけた。したがって、残業時間を真っ向から拒否し、さらに労働時間の短縮を望めば、賃労働者の生活は改善する。十九世紀に一部の無政府主義者たちは、賃金上昇の手段として「労働者のマルサス主義」、すなわち出生数の減少を推奨した。人々はこの思想的立場を「子宮のストライキ」と呼ぶこともあった。反対に経営者は、労働者の過剰供給を生み、労働価格の値下げ競争を刺激する移民を歓迎する。

かくしてアプトン・シンクレア（一八七八―一九六八）は、シカゴの屠殺場経営者たちが移民を次々に迎え入れ、労働者のあらゆる連合を破壊して極貧レベルの賃金を維持する様子を『ジャングル』という見事な小説で描いた。[9]

脱成長派はいわゆる経済法則に対してある程度の尊重を誓っているだけだ、と人々は思うだろう。脱成長派が「もっと稼ぐためにもっと働け」という大統領選のスローガンを不謹慎だと言うのは、それが経済法則の図式に逆らっているからというよりはむしろ、実際の労働時間がすでに長過ぎるからだ。

今日の労働時間は、生活を貪《むさぼ》り、市民権を絞めつけ、ストレスや苦しみを生み出している。フランスにおける抗うつ剤の消費量は増加の一途を辿っており、基幹職《カードル》❖2の人々さえ、我々の親世代の間では「過労」という名で流通し、今では「バーンアウト」と呼ばれている状況に打ちのめされ、自殺している。もっと働けというのは、経済社会の方向転換が起こらない状態では不条理かつ不謹慎きわまりないことだ。それはエコロジー的破局の契機を加速化させるしかないだろう。だからこそ良心的な経済成長反対論者は、「より良く生活するために、より少なく働こう！」というスローガンを掲げるのである。しかし私は、〔脱成長社会への〕移行段階においては異端派経済学者と躊躇なく連携し、かつて社会民主主義者の政策案だった

「すべての人が働けるようにより少なく働こう」というスローガンを謳うことにしよう。また、主流派経済学者の仮説でもあった**「より多く稼ぐためにより少なく働こう！」**というスローガンを謳うこともやぶさかではない。自由な活動を増やすためには、最終的に賃労働を廃止し、まったく働かないで済むようにしなければならない――別の方法で働くという考えのなかでも自由な活動はある程度回復するが。だとするならば、節度ある豊かな社会という意味の地平において労働を放棄するという理論的立場と、移行段階において短・中期的に擁護しうる実践的立場――より少なく働く、働き方を変える――とは、区別する必要がある。

すべての人が働くために より少なく働く

「生活を変える」――一九八一年のフランス社会主義者たちによるこのスローガンは、二〇一七年の大統領選の時には跡形もなく消えていた。しかし、「経済停滞からフランスを救う」[10]ために「より強力な経済成長」に戻ることを当時推奨していたら、我々は世界を本当に再魔術化していただろうかと自問してみるとよい。これ以上疑わしいものはないだろう……。「週三〇時間労働は〔中略〕労働組合の大部分と欧州左派政党の目標である。〔中略〕この点（労働時間短縮が必要かつ望ましいものであること）に関しては、ほとんど合意が取れている」[11]とアンドレ・ゴルツが著わすことのできた時代は、すでに遠い過去のように思われる。彼の書いたことは一九九一年にはおそらくまだ正しかったが、今日ではもはや通用しない。

一九八九年、ドイツ社会民主党（SPD）の綱領は、「週あたりの労働時間を、五日で三〇時間へと縮める労働時間短縮、あるいはサバティカル・イヤーや、低年齢の子供や介助を必要とする人を抱える夫婦のための追加的休暇（有給の）の権利が与えられるような労働時間短縮」[12]を提案していた。すなわち年間一〇〇〇時間労働の実現である。SPDはまた、原子力エネルギーや一部自家用車などの「生活の本質的基盤を脅かすものが減少し、消滅するようでなければならないのだ」[13]と、ある種の脱成長も提案していた。

グローバリゼーションによって暴力的なまでに社会の不平等が拡大したため、社会主義の「政策」は現実主義的な立場から「変革」プロジェクトをポケットの奥にしまい、重要とは言えずとも緊急の問題に立ち返った。それは失業の削減である。フランソワ・オランドが再選のために彼の選んだ候補者に付した目標である。

もうひとつの世界は可能だと夢見る「オルタ・グローバリスト」[3]や急進左派は、労働中心主義的かつ経済成長中心主義的な社会を拒否しようとしていたのではなかったのか？〔左派陣営における〕近年のエコロジー的転回にもかかわらず、いまだそうだとは言い切れない。栄光の三〇年の時代に達成した完全雇用経済へのノスタルジーが、エコロジカル民主主義というユートピア像に重くのしかかっているように思われる。

二〇二二年に脱成長派はいまだ待ち望まれるエコロジカル社会主義のユートピアを推進する唯一の思潮として残るのだろうか？　その確率はきわめて高いだろう。なぜなら、脱成長派の政策綱領は、エコロジー的非常事態が意識化されているにもかかわらず、今もなお社会的認知を獲得するにはいたらないだろうからだ。

先に述べた労働時間短縮の三つの動機――より多く稼ぐ、すべての人が働く、より良く生活する――は、脱成長派が支持するところだが、そのうちの第二番目、すなわち雇用に関することだけが失業と闘う政治の展望のなかで真剣に議論されている。

脱成長に敵対する「左派」陣営からの最も厳しい批判は、脱成長運動が推進する企図、つまり節度ある豊かな社会をつくる企図が、完全雇用という目標を放棄しているように見えるところに集中している。[14]

社会的危機がとめどなく続くなかで「現実主義者」であろうとしたとき、良心的な経済成長反対論者――マクロン大統領は「アーミッシュ」、ル・モンド紙のある記者は「富裕なガキども」と形容するが――は、失業問題にどのような対案を提供するのだろうか？[15] 失業問題解決のための労働時間短縮――すべての人が働くために、より少なく働く――は、脱成長の企図のすべてではないとはいえ、〔脱成長社会への〕移行の最初のステップを構成し、危機に瀕した経済成長社会の惨状の最もスキャンダラスな源泉の一つ〔失業問題〕の治癒を可能にする。

失業問題に関する議論では、雇用問題を解決するために経済成長によって失業を克服する必要性が再び注目を集めている。

例えば「オルタ・グローバリスト」のケインズ派経済学者クリストフ・ラモーにとって、それはまたジョセフ・スティグリッツにとってもだが、経済成長と消費の刺激がない状態では、労働時間短縮（一般的に「脱成長派」の考えとされる対案）は完全雇用を回復させるには不十分である。[16] 二〇一七年のフランス大統領選の日程を見込んで、ラモーはまったく正しいことに、「完全雇用・所得増加・社会権を主張する潮流と脱成長派とを結集させる政策の構想は可能だろうか」と問題提起した。我々の用語を使ってより乱暴に言うならば、生産力至上主義者と反生産力至上主義者との間に共通の政策を構想することは可能であるかということだ。エコロジーは政治の舞台へと驚くべき躍進を遂げたが、それでもやはりこの問いは二〇二二年のフランス大統領選でも現代的意義を持ち続けている。

政治的戦略の分裂の背後には、労働中心社会からの脱出と脱成長という社会哲学（ひいては社会主義思想）が根本問題となっている。脱成長社会を構築する企図において、労働（その脱商品化、多就業と適応化された専門分化、新たな雇用の創出、テレワーク）はどのような場所と地位を占めるのだろうか？　どのような社会政策（労働権の強化、社会的連帯経済ネットワークの役割と位置、社会関係財の市場的・非市場的生産）が存在するのだろうか？　経済成長信仰を破棄することを諦めず、そして長期的には賃労働という奴隷制を廃止する「意味の地平」を見失わずに、失業問題を短期的に解決すること。これこそ、脱成長運動が直面し、筆者が応答を試みなければならない二重の課題である。

良心的な経済成長反対論者にとって、消費による景気刺激策――大恐慌下での経済活動回復に必要な水準を超える消費刺激――および経済成長政策は、原則排除される。その場合、必要な労働時間の大幅な短縮は、（フランスにとって）自然資源消費を三分の二ほど削減する必要を視野に入れながらすべての人に満足ゆく雇用を保証するためには、望ましい政策の一つである。その結果、労働中心主義的な経済成長社会から抜け出すことが可能になると期待される。

まさに脱成長派の提案と「景気刺激策推進派」の提案との間には、（少なくとも表面的には）現実の感覚と時間の感覚の水準において相違がある。

この点に関して、新型コロナウイルス感染症（COVID‐19）流行と闘うため、法的に導入された最初のロックダウン政策がもたらした無理強いされた脱成長は、多くの教訓を与えてくれる。話題のエコロジカル・トランジションを推進することで環境に対して有害な経済モデルから抜け出す機会が出現していたが、実際に選択されたのは「ビジネス・アズ・ユージュアル（これまで通りの経済活動）」を回復するため、わずかな前進――ネオニコチノイドの使用禁止――を中断するという正反対の決断だった。[4] トランジション政策高等弁務官が創設されたにもかかわらず、環境への有害な経済活動を転換するための政策はまったく構想されなかった。世間が目にしたのは、航空産業や自動車産業など、エコロジーの観点からは最も有害な産業部門の再加速化である。

緑の経済成長という撞着語法の名の下、技術至上主義と生産力至上主義的な論理が引き起こした問題を解決する方法として注目されているのは新技術、とくにデジタル・トランスフォーメンション（DX）である。これら新技術のエネルギーコストと環境コストには目をつぶったまま、問題の先送りが行なわれている。

我々が実行すべきだと主張しているエコロジカル・トランジションに具体的内容を提供する機会は失われ、マス・ツーリズムと商品輸送が今まで以上に強力な形で再開されようとしている。真のトランジションを迅速に始動させ、目標を維持しながら移行の諸段階を構想しなければならない。

もっとも我々を誹謗中傷する者たちの見解がどうであれ、エコロジー政策は社会政策を難なく統合する。エコロジー政策は、システムのうわべを取り繕うだけに終始しない変革の条件ですらある。

マレイ・ブクチンは一九九〇年に、「社会問題の解決なくして環境危機の解決はない」とすでに主張していた[17]。間違いないことだ。しかし今日、その逆もまた一層真実味を帯びている。我々はエコロジー危機の解決なくして社会問題を解決できない。真のエコロジーは、資本とその代表――多国籍企業、ＧＡＦＡＭ、年金基金――に対してのみ処罰を下す。

経済成長を擁護する人々、または端的に言って近代社会に暮らす平均的な人々にとって、完全雇用が経済成長と分かちがたく結びついていることは論を俟《ま》たない。しかし、栄光の三十年（一九四五―七五年、欧米諸国における高度成長期）が終わりを告げた後、失業は再び産業社会の悪夢となっている。新技術は雇用を創出する以上に破壊しているというのに、わずかな成長（良くて年率一％か二％のＧＤＰ成長）では――古参の工業国の宿命らしいが――失業率を下げるには十分ではない。

　脱成長はしばしば「マイナス成長」と誤解され、エコロジーの観点からは望ましく思われようが、この文脈においては社会的大惨事をもたらすように人々の目には映る。なぜなら完全雇用の回復のためにはもっと強力な経済成長、すなわち一〇％台の経済成長が必要だとされるからだ。

　世間が考えるのは、これらの条件下では、脱成長の企図の採用は必然的に状況を悪化させるだろうということだ。この信念は労働者や労働組合の間にひときわ根強いだけに、脱成長はポリティカル・エコロジーの潮流と必然的に結びつき、そのエコロジー的要請を採用する政党は社会主義の伝統の外部で、下層階級と結びつかずに発展している。

　エコ社会主義、すなわちエコロジカルな社会主義は周辺化されており、「月末〔の給与〕」に対する脅迫観念〔労働者階級の不安〕と「世界の終わり」に対する脅迫観念〔エコロジストの不安〕の間に具体的な連関を構築するのに苦労している。しかし、節度ある豊かな社会を構築する企てをその根源において理解するならば、両者は自ずと結びつく。なぜなら経済成長社会からの脱出だけが、ディーセントな〔尊厳を失わない〕生活水準を可能にする分別ある活動の方針をすべての人に対して提供するからだ。誤解の多くは、経済成長社会の精神構造から離れられないところからくる。経済成長を目的とする社会で経済成長が起こらなければ、最悪の事態となる。しかしそれは脱成長の企図とは何の関係もない。

脱成長社会がすべての人に自律的活動（または初期段階では賃労働的活動さえありうる）を難なく生み出すであろうと考えるさまざまな根拠がある。良心的な経済成長反対論者にとって、経済の必要な再転換と再ローカリゼーション、そしてその結果起こる労働時間の望ましい短縮は、消費と経済成長による景気刺激策に依拠せず失業問題を解決するために要請される手段である。脱成長社会への移行政策の第一目標は、国民の一部が経験している悲惨を克服するために完全雇用を探求することであらねばならないだろう。

脱成長の企図の視座では、次の三つの主要政策が提案可能だ。

第一の政策は、**社会的に有用な活動の再ローカリゼーションを体系的に実施すること**。第二の政策は、**広告産業などの消費社会に寄生的な経済活動、原子力産業・軍事産業など有害な経済活動の漸次的転換**。第三の政策は、**労働時間の計画的かつ大幅な短縮**である。これらはすべて際限ない経済成長という論理への回帰によってではなく、経済成長という名の宗教を捨て去ることで達成される。

再ローカリゼーション[18]

再ローカリゼーションは最初期の頃より脱成長の企図《プロジェ》の要石だった。小著『開発の時代を生き残る』――二〇〇二年二月二十八日から三月三日までユネスコ本部（パリ）で開催された脱成長運動創設の国際会議「開発を解体し、世界を再生する」の要約であり、良心的な経済成長反対論者による社会運動の最初の体系的なマニフェストである――では、再ローカリゼーションはまだ「八つの再生プログラム（8R）」の好循環のなかには入れられていなかったが（当時は6Rしかなかった）、「ローカリズム」の名の下、再ローカリゼーションは脱成長の企図の第二の柱を形成していた。[19] 反対に、その後に出版された『脱成長の賭け』（二〇〇六）〔未邦訳〕以降、再ローカリゼーションは、脱成長の具体的ユートピアを描く好循環のRの一つとして明確に位置づけられるようになった。

いずれにせよ、その内容は肯定的なものとして素描され、経済成長社会に対するオルタナティブ、すなわち脱開発社会——節度ある豊かな社会、簡素で幸せな社会、または経済成長なき繁栄とも呼ばれうる——の構築に一貫性を与えてきた。

再ローカリゼーションという言葉は脱グローバリゼーションとは異なるものだが、なおやはり曖昧さが残る。なぜなら再ローカリゼーションにはさまざまな思潮が存在するからだ。したがって、脱成長派が提唱する「再ローカリゼーション」が何を意味するのかをよりよく理解するために、それとは異なる思潮を明確にする必要がある。

経済のグローバル化は国民経済の自由化、中間業者の中抜き、そして規制緩和を進める。北側諸国では国家とその社会保障制度が相対的に後退し、「リージョナル」[5]ないしは「ローカル」が再活性化している。グローバルな次元とローカルな次元のこの新たな接合を表現するために「グローカル」という造語さえ発明された。この過程で草の根の運動に対する制約が緩和され、ときとしてさまざまな経済活動の連携を生じさせうる文化の再生が推進されている。余暇、保健医療、教育、環境、住宅、ケアサービスは、生活の受け皿である小規模地域レベルで管理される必要がある。この日常生活の管理は、〔経済のグローバル化から〕排除された人々、異議申し立てする人々、連帯する人々の間に、生活世界の自己統治能力を回復させる豊かで実りある市民活動をもたらしている。

欧州だけでなく、米国、カナダ、オーストラリアでも、過去数十年の間に無数の非営利協同組織《アソシアシオン》（少なくとも営利だけを目的としない市民組織）が出現した。例えば、自主管理型の協同組合企業、農業コミュニティ、AMAP（小農を支える消費者協同組織）、[6] GAS（連帯的購買グループ）、[7] LETS（地域交換・交易システム）、[8] SEL（地域交換システム）、[9] タイム・バンク、[10] 選択的時間システム、[11] 都市住民による住区の自主管理、[12] 保護者による共同保育、若者の起業を支援する公的組織、職人たちの組合、小農の農業、倫理銀行《バンカ・エチカ》[13]または共済組合、フェアトレード運動、消費者アソシエーション、リペアカフェ、自立支援型企業などである。端的に言うと、社会的経済、連帯経済、サードセクター経済、[14]非営利あるいはもうひとつの経済ネットワークと呼ばれる活動のネットワーク体だ。

このネットワークの実際の経済的「波及効果」は疑うべくもないが、問題含みである。自営業者とは別に、（行政サービスや企業の仕事を受ける）委託事業体、下請け事業、または近隣住民に対してサービスを提供する事業体が存在する。これらの活動は必ずしも統合された動きを生み出していない。これらの事業体は、国家、広域地域圏《レジョン》、欧州議会の補助金とセットとなっている。経済開発とグローバル市場に結びついており、政策の変化の影響を受けやすく、早晩消滅するかもしくは支配的体制のなかに取り込まれる運命にある。つまり、ローカルな水準にグローバル化が浸透することで、地域なき権力に左右される権力なき地域に我々は直面していると言えるのだ。

オルタナティブな取り組みは、市場システム（Marché）[15]の周縁に存在していてなおかつもう一つの社会モデルをもたらしうると信じられている場合であっても、深層において「想念の脱植民地化」[16]が起こらない限り、商品世界の轍《わだち》に転落する。絶対自由主義的なデジタルイノベーションによってもたらされているのは、ウーバー、エアビーアンドビー、ブラブラカーなど、協働型経済（コラボレイティブ・エコノミー）の最もスキャンダラスな道具化という極端な事例である。

脱成長の視座では、ローカルのもつ潜在力を活性化させる必要がある。なんとなれば、想像上の惑星においてさえ、人々はローカルに根差して生活するからだ。しかし、地域《テリトワール》（territoire）の社会的再構築は、もはや経済的次元にとどまらず、政治的・文化的次元に関わる。この再ローカリゼーションには、単一的思考[17]への真の挑戦となる段階がある。それは「（空間の）再包囲／再区分化」である。この点において再ローカリゼーションはグローバリゼーションの対極に位置づけられる。可能な限り、〔地域内での〕自主生産に戻ることが望ましい。

では、それはどのように達成されるのだろうか? 輸送の外部費用〔インフラストラクチャー、温室効果、気候変動などの汚染〕の内部化によってである。このようにあまり革命的でもなく主流派経済学との断絶ももたらさない政策を採用することで、多くの経済活動の再ローカリゼーションが達成されるだろう。〔実際のコストの内部化によって〕キロメートルあたりの推定コストが一〇〜二〇倍に増加すれば、生産者である企業は確実に地産地消と近郊市場の良さを再発見するだろう。

かくしてエネルギーの自主生産〔地産地消〕は再ローカリゼーションの重要な段階のひとつとなる。太陽光や風力などの再生可能エネルギーは、ローカルな規模での設置と運用に自ずと適応する。人口の大規模な集中化が起こらない地域分権社会に適しているのが、再生可能エネルギーである。〔エネルギーの〕この分権化は利点でもある。なぜなら世界の各地域《レジョン》は自然の潜在的力を有しており、ひとつないしは多数の再生可能エネルギー網を発展させるからだ。【20】このように、輸送による環境破壊と農業用地の喪失を回避できる。安価な石油が終わりを迎え、良識は気候変動を加速化させないために多額の出資で化石燃料を採取しないように要請している。エネルギーの地産地消は必要条件となるべきだ。必要から徳をつくることは無駄ではない……。❖18

これこそがトランジション・タウン運動の核心をなす「レジリエンス」の意味である。[19]「レジリエンス＝抵抗＋回復力」という方程式を立てることができる。この概念は物理学で使用され生態学でも使われるようになったが、あるシステムがさまざまな攪乱を吸収しながら環境の変化に抵抗する能力であると定義できる。

例えば、都市の大規模密集地域が石油の終焉や気温上昇、予見されうるあらゆる破局に対応するには、どうすればよいだろうか？　生態学的実験からの回答は、次の通りである。効率性は規模の経済を裨益《ひえき》するための強力な集中化を含意するが（機能の単一化と極端な専門分化によるシステム脆弱化のリスクを抱える）、レジリエンスは小規模性と機能の多元性を前提とする。菜園、多毛作、近隣コミュニティでの農業、職人たちの小さな工房、再生可能エネルギー源の多様化を再導入すれば、都市のレジリエンスは強化される。

歴史を振り返ると、二つの社会制度が繰り返し出現しており、類い稀な生存能力を証明している。第一の制度は農村型で、アレクサンドル・チャヤノフが分析した自給自足の小規模家族経営農業である。[21]第二の制度は都市型の制度であり、職人の工房である。ゆえにニコラス・ジョージェスク＝レーゲンは、人類の未来のために小規模農村共同体を推奨した。[22]

脱成長の政治的企図は、農村の脱成長派の他に、都市の脱成長派にも道を用意している。後者においては、小さな職人業だけでなく都市農業の居場所もある。しかし残念なことに、都市農業の現状はどうかというと、中央集権的巨大技術システムという破滅的論理によって、情報技術ネットワークの普及を通じたエネルギー・トランジションと緑の経済成長プロジェクトに取り込まれている。これは良識に反する政策だ。

イングマール・グランステッドは、自律性や自立共生的な道具に関するイヴァン・イリイチの省察を探求し、小規模で効率的な設備を備えたヴァナキュラー[20]な工房の創設を提案した。肝心なのは、産業化とプロメテウス的なテクノサイエンスが強要する拡大成長癖と他律性から抜け出すことである。例えば、織物づくりに関してグランステッドは次のように述べる。「我々は、紡糸、布地の貼りつけ、加工をキャビネット・サイズの小さな機械一つで行なえる。この機械はヴァナキュラーな工房に設置してあり、界隈に暮らす人々が利用できる。[……]同様に、紙のリサイクルに関して、我々は十分に小さくてシンプルな製品をすでに所有しており、需要に応じて一週間単位で貸し出せる。界隈や自治体に根差したこの種の機械には、断裁機、ホチキス、フィルム接合機を付けることが可能だ。そうすることで利用者はノートや冊子を製作できる。また、コピー機や他の軽い再生用装置を追加することもできるだろう[23]」。

技術的には複雑だが自立共生的な道具によって可能となるこの脱産業化は、我々がこれまでとは異なる仕方で生産することが可能であること、そしてすべての領域において自律性を高めるわけではないにせよ、それでも自律性が高まる部分が大きくなることを示している。グランステッドは、「ローカルな自己組織化能力が高まることで、各コミュニティや地域はその社会経済的変化を制御し、世界に開かれたまま地域固有の独自性を創出することが可能となる」[24]と結論づけている。

もちろん、再ローカリゼーションを促す方法は他にも多様に存在する。それらは手段となり、目標となり、相互に強化しあう。

再ローカリゼーションの政策は、何よりもまず食の自給、続いて経済および金融の自律自治の探求を含意する。とはいえ、ここでいう自律自治は完全な封鎖経済を意味しない。そのようなものは現実的ではないし、望ましくもない。しかし交易活動〔域外交換〕は、可能な限り、同じ選択をして生産力至上主義を「手離した」パートナー地域との間に限定されるべきだろう。大規模流通網のなかで創出される一つの不安定雇用が近隣コミュニティ商取引における五つの持続可能な雇用を破壊することを知るならば、ローカルな商取引が推奨されるべきである[25]。

最後に、ローカルな経済的自律自治を支え、刺激するために、真の地域通貨政策を発明しなければならない。ローカルな経済的自律自治が意味するのは、さまざまなローカル・プロジェクト——それが食糧生産、職人業、工業、サービスなど何であれ——の達成を可能とする資金調達の自律自治にも目を向けることである。そのためには貨幣を徐々に再領有化する必要がある。貨幣は地域に仕えるべきであって、地域が貨幣の奴隷になってはならない。お金は良き使用人になる可能性があるが、常に悪い支配人である。ある専門家（この場合、通貨ユーロの発案者の一人）は次にように述べている。「国民通貨の独占を維持したままローカルまたはリージョナルな発展を推進するのは、アルコール中毒患者をジンで解毒しようとするようなものだ」[26]。貨幣の再領有化は、地域通貨——融解する通貨、兌換不可能な通貨（レストラン食事券、ヴァカンス・チケットなど）——の使用から始められる[27]。地域または生物流域単位でのオルタナティブ通貨ないしは補完通貨の役割は、それらの貨幣がなければ未開拓のまま眠っている地域資源と地域のなかの満たされないニーズを結びつけることにある。地域通貨システムの適正規模は、一万人から一〇〇万人の人口規模の間に位置づけられる。これはひとつの生物流域あるいはエコ地域に相当する規模であり、効率性とレジリエンスの間の程良い均衡を表わしている。

エコロジカルで民主的な社会主義は、「ローカリズム」においてのみ実現可能である。したがって、例えば近隣コミュニティ単位の民主主義の発明／再発明など、政治の再ローカリゼーションが重要である。これは何も目新しい問題ではない。デーモスの規模に関する古《いにしえ》からの省察は、この問題を明確にする手引きとなる。アリストテレスによると、「十人からでは国《ポリス》は生まれえないし、また十万人もおればもはや国《ポリス》ではなくなるのだからである。もちろん、その適当な数というものは、おもうに或る一つにかぎるというわけでなく、一定の限界の間の全体にわたるものであるだろうが」[28]。これは、現在もなお有効な生物流域／エコ地域の哲学であると言えるだろう。それはまた、ジャン＝ジャック・ルソーの著作で論じられている民主主義の規模にも対応する。つまり、「人民が集まりやすく、各市民が他のすべての市民を容易に知ることができるほどのきわめて小規模な国家」[29]のことである。脱成長の先駆者であり、イヴァン・イリイチやエルンスト・フリードリヒ・シューマッハーに強い影響を与えたレオポルド・コールは、規模の問題を理論化した。「小規模国家は、共和制であっても立憲君主制であっても、本質的に民主主義的である。大規模国家はどのようなものであれ、本質的に民主主義的ではない」[30]。

ローカルな民主主義のユートピアは、多くのエコロジカル民主主義思想家の考えと共振 ❖21

する。例えばマレイ・ブクチンは、「エコロジカル社会が複数の小規模自治体を擁する自治体によって形成されると考えるのは、決してばかげたことではない。各小規模自治体は「さまざまな小規模コミューンで構成されるコミューン」によって形成され、〔…〕周囲の生態系と完全に調和するだろう[31]」。

まとめると、再ローカリゼーションが意味するのは、輸送距離の短縮、透明な生産網、持続可能な生産と消費の推奨、資本フローと多国籍企業への依存度の減少（それらの完全な消滅が望ましいことであり必要なことであるとしつつも）、あらゆる意味において最大の安全（物資の供給、健康）などである。

経済をローカル化し、地域社会に再び埋め込めば、エコロジカル・フットプリントが減少し、環境保全になる。「この再ローカリゼーションの過程は、技術官僚的な手法では促進されないだろう。再ローカリゼーションには新たな形態の民主主義、すなわちさまざまな地域《テリトワール》――さまざまなコミュニティの生活の場である――に根差したコミュニティ自治を推進する民主主義が必要である。場所を再生し、場所に再び住まう可能性は、これらの場所で生活する諸個人が環境・技術・統治に関する新たな知恵の助けを借りながら、日常生活を新たにケアできるようになったときにはじめて実現されるだろう[32]」。

経済の全体主義から自由になり、連邦制のように組織されたエコ地域または生物流域を構築するのである。

イヴ・コシェの提案に従うならば、その時こそ間違いなく「グローバルにローカルを守れ」[33]というスローガンに合わせ、世界貿易機関（OMC）を「世界ローカリゼーション機関」（OML）に置き換える必要があるだろう。

すでに議論したように、脱成長にとって再ローカリゼーションは脱グローバリゼーションに還元できないが、失業との闘いの観点から脱グローバリゼーションはきわめて重要である。この点に関して言えば、アルノー・モントブルグの諸提案、とくに産業活動の本国還流に関する提案は、良心的な経済成長反対論者に全面的に受け入れられる。なんとなれば、市場のグローバル化と呼ばれるものは、畢竟、世界の商品化、すなわち社会的・財政的・生態学的価値の値下げ競争を推進する地球規模での大量虐殺ゲームだったからだ。

最小限の地域的自給力の回復は、エコロジー危機のさまざまな課題に取り組むために必要な、レジリエンスを強化する条件となる。域内市場の回復は、地域の自律自治に必要な諸活動の大損失を意味する産業の海外移転に歯止めをかけ、いくつかの輸出産業（武器や飛行機の輸出）の避けられない損失以上に多くの雇用を再創出するだろう。[34]

COVID-19の世界的流行は、産業の無分別な海外移転の危険性を顕在化させた。そしてグローバリゼーションを制限しようとする意志とまでは言えないにせよ、そのような気持ちを引き起こした。一部の人々は自分たちの願望を現実だと思い込んだ。諸々の出来事のなかに脱成長の企図の実現に好ましい文脈を見ていると信じたほどである。フランス全土に及んだ厳格なロックダウン政策は、日常の生存や政策の行政執行に関して、近隣空間への回帰をもたらした。

一方で、国境を超えるサプライ・チェーンが機能不全に陥ったため、食糧供給やいくつかの衛生用品（マスク、アルコール消毒液）に関してはローカルな次元での解決が必要となった。近隣同士の連帯や民衆の創意工夫が「持ちこたえる」ことができた間は、諸個人の自律的対案（家庭菜園など）はもちろん、地産地消（とくにＡＭＡＰ）やコミュニティレベルでの商取引を維持することへの関心が高まった。グローバル化した経済が瓦解するかたわら、多くのローカルな実験は、このような文脈のなかでレジリエンスの高さを示した。

より一般的に言えば、医療危機はグローバル化した社会の驚くべき脆弱性を明らかにした。医薬品の大部分は中国からの輸入に依存していたために欠乏し、経済の論理によって導かれていた産業の海外移転が思慮に欠けた行為であったことをまざまざと示す結果となった。

多様な人間同士や国民同士が相互に繋がり依存するようになったため、自律性の喪失は問題視される水準にまで進行した。自由貿易が教条化した結果、自律性は過度な分業の犠牲となったのである。

今回のパンデミックで明らかになったのは、人々が互いを破壊しあうこの経済競争から脱出し、基本的ニーズを充足するに必要とされるローカルな生産活動を回復しなければならないということだ。政治家たちはこの事実を否定し、欧州その他の地域で展開しているさまざまな排外主義的「ポピュリズム」を利用した。欧州の諸国家はこれらの失敗から学ぶと述べており、今では重要な生産活動の一部を本国に戻すと宣言している。

したがって、いくつかの変革が予見できる。医薬品企業など生存のために戦略的に重要である活動の再ローカリゼーションが、ある程度は起こると予測される。しかし、暫定的な国家介入は、市場競争力と自由貿易という神聖化された原理原則に抵触するので――賢明な保護主義の強力な導入を必要とするにもかかわらず――政策には盛り込まれない。ゆえに多くの人々の意識を奮い起こすことが必要だが、まだまだ不十分である。現状を考えると、再ローカリゼーションは――呪文のように繰り返し唱えられているのだが――限定的なものにとどまる恐れがある。なぜなら、グローバル経済のいくつかの力は、危機から抜け出した後に再強化される可能性があるからだ。必要なのはメタノイア[22]、つまり我々の社会の根本を問い直すことである。それゆえ、政府の政策を支配する短期的視座は優勢であり続ける。そして、経済信仰や経済成長信仰からの脱却は日の目を見ないままとなる。

産業の再転換

生産活動の再構造化と環境を害する活動の再転換は、エコロジーの観点からも必要だが、雇用創出の契機になりうる。例えば、生産力至上主義的な農業から小農による農業生産活動への移行、再生可能エネルギーへの移行のためのエネルギー政策転換、飽食や製品の計画的モデルチェンジと闘うさまざまな措置がある。すでに古典となった世界自然保護基金（WWF）の報告書によると、温室効果ガスを二〇二〇年水準から三〇％削減すれば、フランス国内で六八万人分の雇用が創出されるはずである。さらに、（公営住宅・個人住宅（断熱効果の低い住宅）の熱学に配慮したリノベーションは間違いなく多くの雇用を生むだろう。

生産力至上主義的な工業化された農業は、ある種の集団自殺行為だ。それは癌、中毒症、伝染病、動物由来感染症などの原因である。良質の旬の食べ物を近隣で生産するといった健全な食生活の回復には、農業の再転換が必要だ。このことが意味するのは、生産的で効率的な、しかし生産力至上主義の罠に嵌っていない数百万人の小農民を再創出するということである。パーマカルチャーやアグロフォレストリーモデルに基づいて、農薬・化学肥料・遺伝子組み換え作物を使用しない農業を発明するのだ。フランス有機農家連合（Fnab）の研究調査〔二〇〇二年当時〕によると、フランスの有機農場の割合が二％台という残念な数字からオーストリア並みの九％まで増加すれば、九万人の雇用が創出されるだろう。[23] 一五％まで増加すれば、十二万から十五万の雇用が創出される。この条件の下で、仮に一〇〇％の有機農業生産が達成されたなら――良心的な経済成長反対論者が望む水準ではあるが――、一〇〇万人以上の雇用が創出される。とはいえ、〔フランスの〕労働人口の四〇％以上が農業部門に従事していた十九世紀の状況に戻る必要はない。適正技術の進歩のおかげで、農業人口は一〇％から二〇％の間となるだろう。これは現行水準（三〜五％）[35] と比べて理にかなった数値である。振り返ると、我々の生活における食物の重要性を考えると、農業人口がわずか三〜五％とはおかしな数値である。

原子力、石油、その他の化石燃料の代替となるべき再生可能エネルギーの開発は、エネルギー政策のシナリオに大きな影響を与えもする。原子力エネルギーの放棄はエコロジー運動のDNAの一部だ。気候変動と闘う一部の活動家（ジャン＝マルク・ジャンコヴィッチ、ジェイムス・ラヴロック）は、温室効果ガスを排出しないという理由から原子力エネルギーを適正エネルギーと形容し、その維持を主張する傾向にあるのは病的だ。原子力へのこの執着の背景には、我々の生活様式の転換は交渉の余地ないが、エネルギー消費量を大幅に削減すると生活できなくなるからだという理由がある。この「リアリズム」は一種の絶望である。原子力エネルギーの生態学的影響——ウラニウム開発から原子炉解体、そして放射性廃棄物のリサイクルまで——については、誠実なバランスシートの作成が待たれる。

在来型石油や他の化石燃料の終焉が予見されるため、我々は代替エネルギーを推進し、とくにエネルギー消費量を削減しなければならないし、化石燃料は資本集約的な技術過程を推進してきたということでは常に雇用の敵だった。かくして、動物を使った運搬作業にトラクターが取って代わり、農業に必要な労働力は減少した。ライン生産方式〔流れ作業〕に自動化とロボットの導入が進んだことによって、労働者は工場から追放された。反対に、再生可能エネルギーは、省エネルギーでコンパクトな設備の小さな工房で自主生産活動を発展させ、再ローカリゼーションの箇所で論じたような新しい職人の広範な活動を通じて、万人の基本的ニーズを充足するだろう。

今日、化石燃料（石油、石炭、天然ガス）は世界の一次エネルギー消費の八〇%を占める。理論的には、一バレルの石油は人間の二万五〇〇〇時間分の労働エネルギーに相当する（しかし実際には、燃料を機械労働に最も効率よく変換する機械を想定しても一万時間である）。この点を踏まえると、我々の日常的な炭化水素消費量は、一日あたり三〇〇〇億人以上の労働に相当する。「まるで地球に暮らす一人一人が五〇人の奴隷を従えているかの状態である」[36]。

フランスが欧州連合の行動指針に基づき、電力の二〇%を太陽光や風力などの再生可能エネルギーで生産するならば、二四万人分の雇用が創出されるだろう[37]。二〇〇五年に欧州委員会が出版した報告書によると、エネルギー効率性に関わる部門に一〇〇万ドル投資するごとに一二〜一六年分の直接雇用が創出される。だが、同じ額を原子力エネルギー部門に投資した場合は四・五年分、石炭火力発電の場合は四・一年分の雇用しか創出しない[38]。言い換えると、一キロワット時（kWh）の電力を節約するためにかかる総費用は、同じ量の電力を生産するために必要な総費用の二分の一で済む。有名なエコロジカル・トランジション政策は、これらの展望の一部をよく捉えている。

しかしその実現は難しい。なぜなら「緑の経済成長」という解決しがたい矛盾のなかに嵌り込んでいるからだ[39]。

残念ながら、石油は枯渇が避けられないにもかかわらず、その価格はあらゆる期待に反してきわめて低い水準を保っている（二〇二一年には高騰したが）。そのため、自由競争を重視する世界経済において代替エネルギー開発が進んでいない。崩壊学派❖24の予見に反し、石油流通の崩壊は再生可能エネルギー開発のインセンティブとならない。それどころか、航空産業や自動車産業など、エコロジー的観点からすると最も害となる産業部門の景気刺激をはじめ、COVID‐19パンデミック後の経済成長を加速化させるだろう。そして短中期的には、「01年[40]」の到来を気早に信じている人々を失望させることになる。

最後に、〔消費社会に〕寄生的な生産活動（広告産業など）や有害な生産活動（軍需産業）と闘い、それらから徐々に自由になることを模索せねばならない。自動車産業を根本から再考することも必要となる。世間や一部の「緑の」党がそう信じるのとは異なり、電気自動車や水素燃料自動車の開発は自動車産業のエコロジカルな転換にはならない。電気自動車は都市部の汚染を削減するが、それは環境へのダメージを移転させるにすぎない。そのグローバルなエコロジカル・バランスシートは破滅的なままである。

水素燃料自動車に関して言えば、そもそも水素を電気から作らねばならないし、その利用は供給設備の複雑さや安全性に多くの問題がある。[41] 反対に自動車工場は、公共交通手段やコジェネレーション装置など、自家用車以外のさまざまなものを生産する潜在力を有している。[42] もちろんそのほか多くのものも生産できる。あらゆる自動車製造工場は、大幅かつ費用のかかる転換・適応により、バスや路面電車の製造が可能となる。

新型コロナウイルス感染症の世界的流行によって航空産業やマス・ツーリズムは危機に瀕し、その将来性が問われた。残念なことに、これらの産業部門の転換は必要であるにもかかわらず、常にタブー視されてきた。エコロジー的観点からこれら産業に反対する声に対して世間は、航空産業に関しては水素燃料飛行機や太陽光エネルギー飛行機などおとぎ話のような計画を語り、観光産業については「従来通りのビジネス慣行（ビジネス・アズ・ユージュアル）」への回帰を唱えている。これらの産業にエコロジカルな転換が起これば、常により多くのものを生産する論理に固執することなく、むしろ本当のニーズ充足を目的とする生産活動が推進され、さまざまな雇用が生まれるのだが。

また基本的に、脱成長プロジェクトには、浪費の削減と製品の計画的モデルチェンジに対する闘いという側面もある。脱成長で重要なのは、このプロジェクトに反対する人々が糾弾するのとは異なり、家庭用洗濯機の使用を諦めることではない――欧州北部のいくつかの国でいまだに実践されている共同利用は望ましいとはいえどもだ。重要なのは、洗濯機を二年に一回のペースで買い替えたりはしないということである……。同様のことは、パソコンや他の家庭用機器にも言えるのであり、例えば製造業者は製品に対して最低十年の保証期間を与えるべきだ。そうすれば、これまでと同水準の豊かさを維持したまま、廃棄物も自然資源消費も削減が進むだろう（むしろより高い水準の豊かさと言える。なぜなら我々は機械を継続的に変更し買い替える心配と、それらが使い物にならなくなる不安から解消されるからだ）。

労働時間の短縮

労働時間短縮は、脱成長の視座において戦略的位置を占める。法定労働時間の大幅な短縮は、労働中心主義的な経済成長社会から抜け出すための必要条件だ。それだけでなく、移行期において、労働時間の短縮は万人に満足ゆく雇用を保証する究極の武器となる。

良識に基づく解決が重要なのだ。現在の状況はまったく不条理であり、状況はひときわ悪化している。もしも火星人が地球に降り立ち、我々がどのような暮らしをしているか観察したなら——我々を文字通りどうかしている人たちだと思い、人間社会の編成方法がばかげていることに啞然とするだろう。つまり、数百万の失業者がいる一方で、一日一五時間近く狂ったように働く数百万の人々もいる。

良識に基づいて判断すれば、一人一人がより少なく働き、すべての人が働けるようになるべきだということになるはずだ。先ほど述べたように、今日、人々はより多く働いているにもかかわらず収入はより少なくなっている。無慈悲な経済競争の罠に嵌り込んでいるからだ。我々は、より少なく働くことで、より多くの収入を稼ぐことができるようになる。そしてすべての人に雇用が与えられ、よりよく生活することができるだろう。

労働時間短縮は、大規模な短縮でなければ効果的ではない。もちろん、脱成長が含意する物理的・精神的なレベルでの変革がともなう必要もある。週三五時間労働政策は失敗し、絵に描いた餅だと証明されたではないか、だから労働時間短縮は良いアイデアだが間違っているのだと——良心的な信念から——しばしば人々は反論する。週三五時間労働政策が失敗だと申し立てられたのは、実現していれば間違いなく雇用創出につながっていたにもかかわらず、この良識に適った政策がいかに支配的な資本主義システムと折り合いつかないか、そして〔経済成長信仰による〕想念の植民地化がいかに悟性を堕落させているかを示している。

かたや、欧州市場と競合的な経済グローバル化の枠組みのなかに留まる限り、ミッテラン政権がかつて犯したような単独行動の危険が生じる。かたや、生産力至上主義からの真の脱却の見取り図がなければ、週三五時間労働政策はその意味の射程の大部分を失ってしまう。我々の社会における労働中心主義を問うことは、拡大成長型経済の基盤を揺さぶることを意味する。フランスの社会主義者はこれをしようとしてこなかった。だからこそ、節度ある豊かな社会への移行政策の中心点には、労働時間の大幅な短縮がかかげられる。

シンプルな良識の帰結に思われるこの政策案を、当然ながら、政治家は誰ひとり実現できなかった。なぜなら、欧州連合とユーロ圏の牽引役——世界貿易機関は言うまでもない——は基本的には新自由主義的政策に従っているわけで、金融危機と公衆衛生上の危機がいくつかの修正をもたらしたものの、その傾向は変わらないからだ。

ゲームのルールを根本から変えなければならない。そのためにはまず、欧州社会の設計を見直し、さらには新自由主義グローバリゼーションの基礎にある二つのタブーを取り除く必要がある。保護主義とインフレーションというタブーである。

移行期においては、現行の経済制度の廃止実現を期待しながら、その管理の方向性を転換することが重要となる。それゆえ、脱成長プロジェクトはインフレーションと保護主義という二つの現象の回復を提案する。これらは過去のマクロ経済政策の目標だった。

生産設備の建築・再建、国民経済活動の保護、そして社会的保護を促す関税政策の導入。さらにケインズが推奨したように、貨幣の適切な供給によって「価格水準の緩やかな上昇」を引き起こす財政出動を行なう。これらの政策は、第二次世界大戦後の西欧諸国に例外的な経済成長をもたらした。フランスで「栄光の三十年」と呼ばれるこの時期は、実を言うと近代史上、労働者階級が相対的に豊かな生活を享受した唯一の時期だった。これら二つの政策手段は、一九九〇年代の新自由主義な反‐革命によって追放された。そしてこれらの政策を推奨する政治家は、少なくともジョー・バイデンが米大統領に就任する時代が来るまで非難・排斥されてきた。もっとも、そのような政策を実行に移せる政府はすべて、これまで大なり小なりひそかにこれらの諸政策を実施してきたのであるが。〔COVID‐19による〕公衆衛生危機の影響で方向転換がなされたように思われる。財政政策および貨幣政策の規律に対する制約は取り除かれてきている。しかし、新ケインズ派の（例えば、ジョセフ・スティグリッツ、ポール・クルーグマンによって推奨される）経済政策とは異なり、経済成長の不可能かつ有害な論理を再始動させることが重要なのではない。大切なのは、完全雇用を回復し、理に適ったニーズを充足させることだ。そしてもうひとつ重要なのは、経済的・社会的保護政策に加え、環境保護を導入することだ。

労働時間の大幅な短縮は、労働中心社会、すなわち経済成長社会から抜け出すための一段階とみなされており、長い間、生産力至上主義的な左派（ケインズ派、社会自由主義派）と脱成長運動（エコロジスト、反生産力至上主義者）を分かつ大きな断絶点であり続けている。

クリストフ・ラモー――労働市場の規制緩和による競争力向上という自由主義的原則に屈しない社会民主主義左派の代表格――は、ATTACに所属する経済学者の大勢と同じく、失業の原因を徹底的に分析する。結果、彼の最大の目標は、「完全雇用政策、すなわち五年以内に失業者を半減し、十年後に完全雇用を達成する計画」である。脱成長派はこの目標に賛同を示す以外にない。だが、目標実現の手段については賛同できない。それは「主に家計の消費刺激策」[43]を用いるからだ。ラモーが提案する生産活動維持政策および景気刺激策は、問題含みでもある。彼のケインズ学派的展望では、雇用はどんな状況でも「経済成長水準に依存し」[44]、成長‐雇用関係は彼の議論において動かしがたい土台となっている。「わずかばかりの経済成長が持続すれば、企業は「典型的な」雇用形態で人々を再び雇い始める」[45]。

この見立ては間違ってはいない。脱成長派の一部には、経済成長しても〔これ以上〕雇用は生まれないと繰り返す者もいるが、それは少々軽薄な主張である。過去数十年間、先進工業国の経済成長率がきわめて低かったことを考慮すると、〔これらの脱成長派の主張は〕事実としておそらく本当だろう。しかし、分析としては厳密さに欠ける。このわずかばかりの経済成長がなかったとしたら、少なくとも失業率は今よりもっと高くなっただろう。労働時間が変わらないとした場合、労働生産性が上昇すれば雇用を刺激するためにより高い経済成長が必要となる。クリストフ・ラモーは、労働時間短縮が雇用問題の解決に役立ちうると認めるが、それだけでは不十分であると述べる。彼の主張によると、週三五時間労働を導入すれば四〇～五〇万人分の雇用創出になり、これ自体は評価すべき結果であるが、失業を吸収するにはきわめて不十分である。ラモーによると、労働時間短縮が唯一の対案にならないことは「計算すればわかる」。〔効果的であるためには〕労働時間を週五～六時間まで短縮しなければならず、それは現実的ではない（経営者や欧州連合は望まないだろうし、余暇の増加に応じて日常生活のさまざまな困難に直面するため、給与の増加を好ましいと考える労働組合もまたそれを望まないだろう）。フランスのケインズ派経済学者や社会民主主義左派にとって、労働時間短縮に期待することはほとんどない。経済成長という刺激がない場合、労働時間短縮政策は完全雇用回復には不十分だろうし、「仕事を維持するための諸政策は経済成長を依然として無視できない」[46]。

社会民主主義者の論理的帰結は、強靭な経済成長を刺激するために消費を再活性化する必要があるという考えだ。とどのつまり、社会民主主義者によると、一九八〇年代末以来、経済成長（すなわち雇用）の主要な障壁は「消費の停滞」だ。消費の停滞は、その後の右派政権や左派政権によるサプライサイド経済政策の結果であり[47]、経済社会システムの変化の結果ではないというのだ。経済社会システムの変化により、産業社会で経済成長の時代が終焉を迎え、経済成長が再び起こることはなくなり、経済成長が再来すべきではない状況になったのだが。

エコロジーに関しては、社会民主主義者は最近までその重要性を大きく無視してきた。エコロジーがプチブルや「クリエイティブ・クラスの上流階級（BOBOS《ボボス》）」の贅沢品であるなら、それは調整すべき一変数に過ぎない。したがって我々は、技術の進歩と経済成長の果実の恩恵を受けた後にエコロジーに関心を持てばよいということになる！

一方で、良心的な経済成長反対論者にとっては、経済成長社会と雇用のデカップリングが存在する。デカップリングとは、経済成長は雇用問題に対する解決策であるともはや考えることはできない、そう考えるべきはないという発想である。ゆえに、エコロジーの問いと社会的な問いを同時に解決するためには、生産力至上主義的な政策からの脱却が必要とされる。

必要性が高くとも、我々の過剰消費を刺激するあらゆる重石《おもし》をすべて一度に取り除くことはできないだろう（我々の「基本的な」消費の大部分も）。ましてや自動車販売店や飛行機の往来はなおさらだ。生産活動、交易、生活様式を再ローカル化するには時間が必要である。新型コロナウイルス感染症の流行と闘うために政府が実施したロックダウン政策は、既存の流通網が突然遮断されることで起こる問題の複雑性を顕在化させた。英国の欧州連合離脱《ブレクジット》とそれに続くさまざまな混乱は、政治主導のプロジェクトが容易に混乱状態に至りうることを、そしてより良く設計された社会経済システムの転換を拒否する動きを刺激しうることを示しもした。ここにこそ〔脱成長の〕課題がある。なぜなら、社会の緊急事態に対応し、政治家の群れをひっくり返さねばならない状況であったとしても、エコロジー政策を先延ばしすることはできないからだ。エコロジー政策を今すぐ始め、目的を維持しながら移行の諸段階を構想しなければならない。そもそもエコロジー政策は、それを批判する者たちの見解が何であれ、原則的には社会政策を難なく統合する。エコロジー政策は、既存の社会経済システムの塗りなおしに還元されない急進的な社会変革を実践する政治の条件でもあるのだ。

　だが一部の脱成長派は、雇用問題に関しては、生存のために「一所懸命苦労しながら働いた我々の祖先」に言及し、脱成長が失業を生み出すのではなく、労働時間の延長を要求し、過剰雇用を創出するだろうと考えている。[48] 生産力至上主義を放棄し、さらに南側諸国の労働者の搾取を止めれば、中間消費の大幅な削減によって生じる最終消費水準を維持するために――より低い最終消費水準を満たす場合であっても――より多くの労働が必要となるだろう、と。

しかし、これらの脱成長派による過去への言及は問題含みである。祖先とは、いったいどの時代の人々なのか? 石器時代の人間ではないことは確かだ。脱成長を批判する人々は、我々が石器時代に戻りたがっていると糾弾するけれども……。

マーシャル・サーリンズの代表作『石器時代の経済学』で描かれる人類の祖先は、集団生活を保証するのに一日三時間か四時間の活動(「労働」とは呼べない活動)で十分だった(映画『神々は頭がおかしい』に登場するカラハリ砂漠の最後の狩猟採集民、あるいはアマゾン、パプア、オーストラリアの狩猟採集民の生活にまだ確認できるように)。[49] アンドレ・ゴルツによると、時代をそこまで遠く遡らなくとも、「年当たりの平均労働時間を、一〇〇〇時間――十八世紀初頭にはこれが標準だった――まで段階的に戻さない理由はない」[50]。年当たり一〇〇〇時間とは週二〇時間労働である。つまり、石器時代と比べて悪くない労働のリズムである……。逆説的ではあるが、労働の重荷が時間や辛さからも著しく増加したのはひとえに、人間を労働の苦役から解放すると考えられていた機械の導入、つまり十九世紀の産業革命によってである。

そこで我々は、多方面に影響を与える五つの要素を考察することになる。❶経済統計によって示される生産性の低下。それは、環境を汚染する技術やエネルギー浪費的な設備を用いる熱工業モデルの廃止の結果として必然的に起こる。❷さまざまな活動の再ローカリゼーションと南側諸国の搾取の停止。❸新しい経済活動部門における（環境にやさしい）雇用の創出。❹生産活動に従事する時間の大幅かつ望ましい削減。❺政策様式の変革および不要な「ニーズ」の消滅（広告、観光、輸送、自動車産業、航空産業、アグロビジネス、バイオテクノロジー分野の大胆な「スリム化」）。

最初の四つの現象は必要とされる労働者の数を増やす方向に働き、最後の現象はそれとは正反対の、不要な労働を減らす方向に働く。おそらく、自立共生的な生活様式に基づく万人のニーズ充足は、「労働者予備軍」が大きいことを考えると、法定労働時間の大幅な短縮によって実現するだろう。なぜなら、数世紀の間、我々の経済システムは生産性の増加分を労働の減少よりも生産物の増加の方向に割り当ててきたからだ。技術革新による生産性の増加が、全体として過大評価されてきたことも忘れてはならない。その評価は商品生産物に基づいてなされていたため、技術革新の目に見えないコストが控除されていないのが一般的だ。[51] 対照的に、人々は自立共生的な道具がもたらす生産性増加の潜在力を過小評価している。

有害な技術を放棄することで全体の生産性が一気に低下したあと、とくにエコ効率性の領域で生産性の安定的な増加——確かに緩やかではあるが、無視できない増加——を図り、少なくとも理論上では穏やかな移行が可能となると考えるのは理に適っている。しかし、この点に関してはさまざまなシミュレーション・モデルを議論し、発展させることができる。

いずれにせよ、脱成長社会の構築のためには、雇用を望むすべての人々に対して、生産的な賃金労働雇用を、必要な期間供給するのが課題の一つとなる。雇用の要求は、生産力至上主義モデルの危機を中和して、経済成長幻想を維持するために北側諸国の政治家たちがするように非市場の活動を人為的に賃労働に転換したり、寄生的な雇用や隷属的な雇用（「ブルシット・ジョブ」）を増やしたりすることなく達成しなければならないだろう。

論争的に言うならば、脱成長の政策には、エコロジカルな製品と設備ならびに脱成長社会の組織化に必要なあらゆる職業の需要を刺激する《ルランス》政策（またはその「先陣《ランス》を切る」と呼ぶべきか）が含まれる[52]。明らかに、問題とすべきは、マクロ経済の盲目的な「刺激策」ではないということだ。脱成長の最大の敵は、消費の低迷よりもむしろ過剰消費またはハイパー消費である。しかし、少なくともその最初期の段階において、脱成長政策は自己維持的な経済成長の悪循環と断絶するにもかかわらず、マクロ経済レベルでは需要の増加を生む可能性がある。

つまりエコロジカルな製品と設備、必要なあらゆる製品の有効需要が増加する可能性がある。脱成長とは、経済の拡大成長の悪循環との断絶である。一時的に生じる経済成長をすべてまとめて教条的に否定することではない。

価値と構造の変革は、生産活動の方向性に何らかの影響を与えるだろう。あらゆる人間の文化を支える土地の利用を再考すれば、経済成長パラダイムとの断絶によって精神的次元と構造的次元の革命が始まるだろう。南側諸国では、土地の分配問題は土地なし農民を発生させているが、北側諸国でもまた、とりわけ生活の質に関わる領域で問題を引き起こしている。もっと多くの土地を生産力至上主義的な農業、不動産投機、アスファルトやセメントによる汚染、砂漠化から守らなければならない。そして生態系にやさしい小農民による農業、有機農業、バイオダイナミック農業に対して今よりも多くの土地を供給することが重要である。そうすれば（南側諸国では）農村の人口流出に歯止めがかかり、さらには（北側諸国の）いくつかの場合では都市から農村への移住を促し、失業の減少に貢献することになるだろう。[53] それに続く経済活動の再分配は、産業転換と失業削減に貢献することになる。すでに二〇〇〇年代初頭に、イタリアではエコロジカルな活動において三五万人の雇用が、欧州全体では四〇〇万人の雇用が生じている。エレーヌ・トルジマンによると、「フランスで工業的農業からアグロエコロジーシステムへの移行が起これば、少なくとも一〇〇万人か間違いなくそれ以上に多くの雇用が創出されるだろう[54]」。

資源収奪的な経済から生態学的に持続可能な経済システムに移行した場合に創出される雇用の数を想像してみよう。著書『エコ・エコノミー』において米国のエコロジスト、レスター・R・ブラウンは、「ソーラー」エコノミー、つまり再生可能エネルギーに立脚した経済のなかで発展すべき九つの生産部門を挙げている。それは、風力関連発電機の建設、太陽光パネルの生産、自転車産業、水素および水素関連動力の生産、ライトレールの建設、有機農業、森林再生である。さらに新たな職業（森林保全の専門家、エコ建築家など）を発展させなければならない[55]。彼の分析と政策を脱成長の綱領にする必要はない。なぜならエコ・エコノミーの研究分野はある種の二律背反に立脚しており、隘路《あいろ》に陥る可能性があるからだ。そうではなく我々は、ある分野においては人間の創意工夫がもたらすさまざまな可能性を考慮しよう。

かくして削減、再利用、修復、リサイクルの推進、ならびに計画的なモデルチェンジの廃止は、さまざまな新しい活動を創出する。これらの諸活動は、反自由主義者として定評ある伝統的左派による提案とは異なる。彼らは医療制度や学校制度の逆生産性の論理を問うことないまま、雇用創出のために病院、障がい者、高齢者向けの受け入れ施設や学校の建設を望む。

〔脱成長派が提案する〕再利用の文化は、栄光の三十年の時代に忘れ去られた我々の親世代や祖父母世代の実践や農耕文明の実践——人々はさまざまな物を完全に使い果たすまで修繕していた——を想起させもする。今日、靴であれ冷蔵庫であれ、耐久財と呼ばれるものの大部分を修理したり、してもらったりすることは難しい。それらは持続しないように設計されている……。洗濯機、計算機、ラジオ、テレビなどは二次的な部品が壊れただけで使用できなくなるが、それらの製品の修理を試みるのは実質的に不可能である（眼鏡すら二年しか耐久しないように設計されている）。この分野では、さまざまな職業が発明ないし再発明される可能性が十分にある。つまり、職人的形態で実践されるべき、さまざまな資格の求められる雇用の供給源として。それはまた、適切な見習い期間を経れば、余暇の自律的活動や手仕事の源泉にもなりうる。このようにして、賃労働社会から抜け出す道は開かれるのだ。

だが、この「緑の経済成長」は、持続可能な開発の提唱者が推進するようなまやかしであってはならない。緑の経済成長は一時的なもの——ある意味、偶然の産物——であるし、そうあるべきである。最終的にそれは、経済成長信仰との決別をもたらさなければならない。緑の経済成長は、生産および全生産活動の全体的な低下を意味するものではなく、際限のない経済成長という論理を問い直すことを意味するものなのだ。したがって、労働時間の短縮や有害な経済活動の必要なだけの縮小とは別に、新たな望ましい経済活動を拡大させることで、雇用の積極的供給を生みだすことができる。脱成長政策によってGDPが増加するケースを描くことも可能である。だが、それはたいして意味のあることではなく、脱成長の企図の矛盾を示すものではない。

アンドレ・ゴルツの先駆的試みを再評価しなければならない。一九八〇年代に彼は、労働時間短縮と完全雇用をともなう生産の縮小による「現実主義的」なシナリオを構想した[56]。ゴルツにとってもまた、移行期においては、「すべての人が働きながら、今よりも少なく働きながら生計を立てることができなければならないし、現在でもなお、職業的な活動でありながら、とくに女性に頼りすぎているままの無報酬の労働を、自分の労働として引き受けなければならない」[57]。彼はさらに次のように述べる。「労働時間短縮は望ましいものであると同時に必要なものである。労働時間短縮が望ましいのは、それによって、それぞれの人の時間の拘束が減少し、仕事が多様化し、その結果、人生が豊かになるからである。また、労働時間短縮が必要なのは、生産性の向上によって、より少ない時間でより多くの生産が可能になるからである。もし、すべての人が仕事を見つけることが可能ならば、それぞれの人によって供給される労働量は、次第に減少するにちがいない」[58]。

これらのシナリオは当時、ドイツ社会民主党の綱領に部分的に採用された。しかしそのプロジェクトは、ベルリンの壁崩壊の影響と同政党の大部分における政治的意志の欠如が原因で短命に終わった。周知のとおり、一九九〇年代に社会民主党のシュレーダー首相は社会自由主義的政策――社会的側面よりも自由主義的側面を強調する政策――を導入し、これらの展望は破棄された。脱成長社会への移行は理論的次元では難なく描かれうるけれども、諸々の目標に対して妥協しないことが重要だと理解しなければならない。

脱成長こそが最終目標であり続けるという点は、すでにアンドレ・ゴルツが述べていたことである。「より豊かに生きるためには、今後、今までとは違ったやり方で、生産したり消費したりすることや、より良く作ったり、より少ない量でより多く作ることも大切だ。そのためには、まずは、浪費の原因（例えば、使い捨ての容器、効率の悪い断熱材、道路の輸送優先といったことなど）を除去したり、生産物の耐久性を上げたりすることが必要になる」[59]。言い換えると、広い意味での中間消費の削減だ。今までどおりの社会秩序から新しい秩序への移行をより穏やかに実行し、人々に適応の時間を与えるために、生産性の増加分の転換を実際に構想することができる。というのもこのアイデアは、賃金水準に悪影響（賃金のさらなる減少）を与えず、また内容を変えない限りは最終生産物の水準にも悪影響を与えないので、労働時間短縮と雇用創出においてはいまだ重要な意味をもつからだ。一般的に言えば、生産性の増加が最終生産物の増加に割り当てられることがもはやあってはならないだろう。生活を変えることで失業問題が解決される。他方で、雇用問題それ自体に焦点を当て、その性質について省察を与えることなく雇用を唯一の目標として特権化してしまうと、社会は何も変わらず、最終的に社会的次元の問題とエコロジー的次元の問題が衝突してしまう。

以上で述べた政策案は、脱成長が提案する「経済からの脱却」からは程遠く、今日の状況においてはきわめてユートピア的に映る可能性がある。しかし、我々が直面している停滞と恐ろしい危機の根本的次元に触れるならば、この政策案は望ましく、同時に現実主義的なものに見えるだろう。労働が中心的意味をもたない社会への長期的かつ穏やかな移行は、今すぐ計画されなければならない。

労働時間を短縮し、自由時間を活用した結果、労働の終焉という問題に到達する。だが、それは未解決のままである。歴史が証明するように、経済パラダイムとの断絶がなければ、労働時間短縮は見せかけに終わる。統計によると、一九四六年にフランスの二十歳以上の勤労者は、生涯活動時間の三分の一を労働に割かなければならなかった。一九七五年にそれは四分の一に減った。今日、フランスの勤労者は生涯活動時間の五分の一以下を労働に割いている。

しかし、我々は労働から解放されたという感覚をもっているだろうか？ おそらくかつてほどそう感じてはいないのではないだろうか？ ベルナール・マリが述べていることだが、「勤労者にとって労働時間の減少傾向が示しているのは、労働の終焉ではなく、むしろ終わりなき労働、不安定労働、孤立、ストレス、恐怖、早期退職を迫られる確実性である」[60]。

労働時間の量的削減は、すでに破綻している苦労仕事の質的転換をともなうものでなければならない。労働における自由は、働く自由や労働からの解放よりも重要とは言えないかもしれないが、それらと同じくらい重要だ。一部の人々はすでに、個人の努力を通じて労働中心社会からの脱却に成功している。彼らの経験は、際限なき資本蓄積の泥沼に抵抗し、ニーズと所得の悪循環から身を守るものであるかどうかは保証しかねるが、一つの道を示している。労働の終焉は経済活動の終焉ではないが、経済の内容と様態の転換という問題を解決する。そして、生産活動と余暇の境界線はこれまで以上に流動的になる。

続く二つの章では、「**働き方を変える**」という問題を検証したあと、さらに労働の消滅という問題を扱いながらこれらの問いに答えてみたい。

第二章 働き方を変える

――インフォーマル、そして南側諸国と北側諸国における労働パラダイムの危機

「ある日、私は道端の機械工の一人に尋ねました。顧客が増えてきていて収入を増やす機会に恵まれているのに、なぜ数日に一時間しか働かないのかと。彼はこう答えました。「すでにベーコンを家に持って帰っているのに、なぜもっと働かなければならないのだ?」と。彼は必要なものをすべてもっていました。なぜこれ以上働くのでしょうか! そこで私はもう一つばかげた質問しました。「あなたは余暇に何をするのですか?」その時、彼はまるで私を変な人だと言いたげなような目で見ました。「私の余暇は、一日二十四時間だ。けれども時々、自由時間のなかで働くことを選ぶときが来るのさ」と、彼は言いました。」[61]

グスタボ・エステバ

労働についてはすべて言い尽くされた。[62] その危機はしばしばとても深刻であり、ずいぶんと長い間続いている。まだ何か言うべきことがあるとしたら、おそらくそれは、南側諸国で起こっていることを考察しながら、北側諸国における労働の危機について補足説明をすることだ。その時、この危機がある意味、労働「パラダイム」と呼ばれうるもののまさにその構造に内在するものであることがはっきりとわかる。図式的に言えば、労働パラダイムは解放の想念と隷属的な現実という相矛盾する二つの共存によって成り立っている。解放の想念が示すのは「制作する人間《ホモ・ファーベル》」や「器用な人間《ホモ・ハビリス》」のイメージである。[63] より正確に言えば、手先の器用さにより、自然に手を加えながら生活のニーズを満たしていた過去の時代の自由な職人というイデオロギーである。我々はここに古典派経済学の想念の最大の欠陥を認める。[64] 現実に起こっていることは、賃労働関係に特有の疎外である。ハンナ・アーレントの用語に従えば、「労働する動物《アニマル・ラボラン》」の苦しい条件が存在するのだ。それは多くの場合、過去の苦役に代わって、工場やオフィスでの苦労仕事が従属的状況のなかで行なわれる。労働中心主義（とくにジョン・ロックの思想）は、労働を土台にしてブルジョワ階級の権力と私的所有権の正統性を確立した。まさにその時代に賃労働の現実はどうだったかというと、労働者は隷属的な状況におかれ、使い倒されており、所有者になる希望を持てなかったのである。

少々理論的で抽象的なこの図式は、事実のレベルにおいて複雑化する。なぜならさまざまな例外が存在するし、生活経験の様態も多様だからだ。

一方で、芸術家や作家の仕事から非市場の家庭内サービス、教職や自由業にいたるまで、さまざまな活動が生き残っている。ショービジネスの季節労働者や医療実践・病院での仕事に関して数十年前からフランスで起こっていることが示すように、これらは労働パラダイムの外部にあると同時に、その論理に取り込まれている。言い換えると、ハンナ・アーレントが導入した〔労働とは区別される〕「制作《ポイエーシス》」と「行為《プラクシス》」という人間活動の二つの形態は、非人間的な活動形態、すなわち奴隷や労働する動物の活動であるところの労働パラダイムによって、大なり小なり植民地化されている。他方で、具体的な状況はイデオロギーと現実の両極の間で無限に変化し、経験される。形式的には自由な活動に隷属関係が隠されているように、賃労働のまさにその現場において解放と成熟が見いだされることもある。[65]

したがって、労働パラダイムは北側諸国においてこれまで貫徹したことは決してなかった。南側諸国においては確実に失敗している。仮に成功していたとすれば、それは完膚なきまでの西洋化を意味していただろう。実際には、労働パラダイムは永続的な危機にある。おそらくそれは、経済成長社会の、すなわち〈西洋〉の終焉の前兆であると言える。なんとなれば、本書で筆者が定義した労働パラダイムは、〈西洋〉、近代性《モデルニテ》、資本主義、経済、つまりは経済成長社会の基礎の一面だからだ。この意味において、南側諸国における労働パラダイムの危機――それは「インフォーマル労働」と呼ばれる活動の大発生とともに顕在化している――の検証は、北側諸国における労働パラダイムの危機を一層明確にし、グローバリゼーションと経済成長社会が陥ったさまざまな失敗の一つを理解する手引きとなりうる。同時にそれは、脱成長社会の企図を明らかにするものだ。

正常な賃労働が欠如している南側諸国におけるブリコラージュと困難を切り抜ける知恵[66]

南側諸国では、植民地化によって伝統社会が破壊された後、ブレトン・ウッズ体制の支援を受けた経済グローバリゼーションが、数百万の民衆を農村から追放し、祖先から継承してきた生活様式を破壊し、生存手段を奪った。彼らは都市の郊外やスラム街に放り出され、定着していった。

グローバル化した拡大成長型経済への強制的な包摂は、それまで存在していたヴァナキュラーな経済の破壊が頂点に達したときに、賃労働の供給を生まなかった。

「正規の」労働に代わるオルタナティブは、多くの場合、生存のシンプルな条件としての**「困難を切り抜ける知恵**（débrouille）**」**[1]である。この**「インフォーマル性**（informalité）**」**の活動範囲《スペクトル》はとてつもなく広い。例えば、非合法で不当な犯罪経済にはじまり、無免許の行商人（現地では「sauveteurs《ソヴゥトゥー》」と呼ばれる）や簡易屋台で食べ物や日用品を売る商人（「tabliers《タブリエ》」と呼ばれる）などの正当性はあるが非合法の**「ブリコラージュ」**[2]経済にいたるまで、あらゆる類《たぐ》いの密売が存在する。また、下請けの汚れ仕事で生計を立てる主婦たちのさまざまな戦略がある。この下請け仕事は、北側諸国の多国籍企業の巨額の利益にとって都合がよく、共犯関係にあるような奴隷的労働を再び生み出している。

資本主義と市場経済の「正常な」拡張の失敗に直面し、「開発の遭難者たち」、すなわちグローバリゼーションから取り残され、支配的な論理のなかでは消滅を余儀なくされている人々は、北側諸国の経済的繁栄という幻影に向かって移民となるリスクを背負うか、そうでなければ別の論理によって、自分たちの生活を編成するより他に生き残る術はなかった。

「正規の」企業が存在しない状況で、彼らは「正規の」賃労働以外の別の形態の経済活動を発明しなければならない。したがって「インフォーマル（L'informel）」は、がらくたの山のような多様な実践の混沌とした集合であり、法と公的制度に対して周縁的な位置にあるという事実においてのみ統一性を見出せる。市場経済を基準に見ると、インフォーマル経済はかなり散逸している。

国際労働機関（ILO）はインフォーマル・セクターを「未登記の経済活動の集合、および関連する経済分野において類似する性質（経済組織の水準、経済活動の規模、技術水準）をもつ登記された経済活動によって構成されるセクター」と定義しているが、これは国勢調査のために作られたさまざまな経済学的・統計学的な検証基準の間で妥協を行なった結果である。[67] インフォーマルは、コリン・クラークの古典的な三つの経済セクターと比べられ、一部の研究者[68]によって「第四の経済セクター」とせっかちにも名づけられることがあるが、新しい経済セクターと同一視されるような、均質で特殊な経済活動の集合では決してない。

しばしばインフォーマルはフォーマル経済（Le formel）〔正規の市場経済〕のまさに中心に位置し、後者と連動しながら機能する。古典的な例として挙げられるのは、公務員がその地位を利用して密売を行ない、市場と併存する取引によって収入を補填するというものだ。

これは必ずしも非難されるべきものとは言えない活動である。企業、賃労働者、消費者、市民は一方の足をフォーマル経済に、もう一方の足をインフォーマルに置いている。両者は盤石な共存共生関係にある。だからといって、インフォーマルのすべてを正規の市場経済部門に寄生する活動だとみなすのは妥当ではないだろう。その逆もまた真である。多くの場合、フォーマル経済は、物資の供給、販路、市民社会との関係、あるいは経営管理に関することなどで、インフォーマルを必要としている。最も発展した国においてさえ、イヴァン・イリイチが名づけたような「シャドウ・ワーク」[69]をともなう経済が、正規の市場経済と並行し、さらにはそれを補完する形で発展している。その顕著な事例は家事労働の領域である。

この「オルタナティブ」な領域への侵入は、望ましい状況であると先験的《ア・プリオリ》には言えない。インフォーマルはナップサックのようなカテゴリーであり、そのなかには雑多な経済活動が含まれる。拾い集めたさまざまな素材をブリコラージュする自由な新世代の職人《ネオ・アルチザン》も、最も汚い下請け業も、麻薬密売業者も、相対的に見て正常ではあるが事業登録されていない小規模事業体も、すべて一緒くたにインフォーマルというカテゴリーで括られる。この多様性ゆえに、インフォーマルのなかに純粋で筋金入りの市場経済を認める研究者もいる。

つまり、インフォーマルの各主体は、超自由主義者の最良の意味においても（ヘルナンド・デ・ソート❖3の言う「民衆の資本主義」がまさにこの立場）、最悪の意味においても（教条主義的なマルクス主義者によると、慰めようのないまでに）、自己自身の人的資本に価値を見出す個人事業主である。[70] いずれの場合も、特殊事例から乱暴な一般化を行なっている。きわめて硬直的で規制の強いフォーマル経済では満たすことのできないニーズを充足するために、さまざまな創意工夫のイニシアチブが存在するが、そのことが自己調整的な自由競争市場の存在の証明になるわけではない。同様に、疑似隷属的な状況が存在し、そのなかで労働者やインフォーマル事業体が利用されているからといって、このセクターのすべてが一国資本主義体制あるいは国際資本主義体制に完全に従属していることにはならない。

アフリカにおけるインフォーマルの基礎は、開発の遭難者たちが、関係的戦略を通じて正規の市場経済（フォーマル経済）の外部に自らの生活をさまざまな方法で生産・再生産することで成り立っている。[71] これらの戦略はあらゆる類いの「経済的」活動を体現しているとはいえ、それら経済活動は専門特化されていない（専門特化されていたとしても、その度合いは緩やかだ）。各経済活動は急場しのぎの活動だったり、ブリコラージュだったり、困難を切り抜ける工夫だったりするが、それらはさまざまなネットワークの一部となる。

かくして「ネットワーク」で繋がった活動体は「クラスター」を形成する。つまり、社会的・経済的な仕切りの繊細なゲームに基づくこれらの戦略は、主婦の家政術によく似ている。それが社会的規模に置換されるのだが、この拡大家族の成員は数百人に及ぶ。人数の多さは家族概念の違い（核家族の役割が限定的であること、一夫多妻制の存在、出生率の高さなど）やクランを構成する親族関係の力だけでなく、宗教・民族・社会的地位による多様な結びつきが拡大家族に大なり小なり浸透しているという事実に起因する。つまり社会関係ネットワークは、文化人類学で議論される「冗談関係（ジョーキング・リレーションシップ）」❖4をはじめ、「社会関係上の母親」や「社会関係上の長男・長女」をともなうクラン的論理によって構造化される。[72]

以上で述べたことはすべて、ジャック・ブグニクールが「民衆の経済」[73]と呼ぶものに対応する。回収した金属を加工する鍛冶屋、界隈の大工や洋裁屋、さまざまな「小商い」の集合体など、庶民階級の顧客のために働く小規模企業や職人が存在する（ヤシの木の車庫、道端の編み細工職人、「アルハムドゥリッラー（アッラーに栄光あれ）」というメッセージの書かれた極彩色で揺れが酷いトラックの運送業者、「高速車」❖5の客引き（現地ではcoxeurs《コクスウー》と呼ばれる）、冷凍庫のない主婦のためにスプーン三杯分の濃縮トマトやマギー社製のブイヨンキューブ一個、量り売りの食用油、小袋に入った粉ミルクやネスカフェを売り歩く「バナナバナ」と呼ばれる小さな行商人など）[74]。

専門的な経済活動の発展によって、排除された人々の〈惑星〉のまさにそのなかには、困難を解決しながら生きる小さな「裸足の起業家たち」[75]の養成所があると言ってよいだろう。極端な事例間における違いは顕著だが、さまざまな中間的状況が存在し、それらをつなぐ多くの活動も見受けられる。どの活動も、お金への執着、ネットワークの重要性、そして市場よりも贈与の論理に従う社会機能が確認される。だが、「家政術的な」系統から国際的な密売に目を向ければ向けるほど、ネットワーク化された社会関係（socialité）と贈与の論理はマフィア組織の諸関係のなかに埋没する。[76]

これまで人類学者は、人々が「インフォーマル」労働と呼ぶ活動のなかに、非常に広範囲の社会生活に関連する現象（phénomène social）――制度化された規範の周縁に存在する世界――の一要素を見てきたが、経済学者はそこに経済活動の特殊で逸脱した形態を認めることしかしていない。経済学者は普遍主義的で進化主義的な解釈格子を備えており、臨機応変になされる経済活動のなかに、必要の王国における闘争の最良の事例を発見する。〔経済学の体系では〕ロック、ヒューム、マンデヴィルによって定義された合理的経済人《ホモ・エコノミクス》の人類学は、いつの時代どの場所においても当てはまるものであるとされる。それは、「環境のなかの限られた資源に欲望を掻き立てられる動物」の人類学である。この欲望する動物にとって、飲み食いする欲求は

「市民社会の紐帯」[77]を構築する。端的に言うと、人間の本性と捉えうる労働、つまり「ホモ・ファーベル」や「ホモ・ハビリス」の勤勉な活動の基礎にあるのは、これらの欲求だ……。

インフォーマルはナップサックのようなカテゴリーであり、定義としては正規《フォーマル》の市場経済の反対という意味しかないので、統一的な集合体として描くには不十分な概念である。この「セクター」を表現するためには四〇から五〇ほどの言葉が用いられるが、その大部分は、否定形表現を用いる以外に、直接的または間接的にインフォーマルを形容することができない。生態学と同様、インフォーマルは経済学者のオペレーション・システム（OS）に組み込まれないという特権を享受する。生態学の外部性はインフォーマルのインフォーマル性に対応する。端的に言えば、経済学者の眼にはインフォーマルは特定の型に嵌《は》めることができないもの、示差〔～と違うもの／～ではないもの〕としてしか同一性をもたず、固有の論理を剥奪されているものとして映っている。

この困惑は「インフォーマル経済」ないしは「インフォーマル労働」という表現が本来、二律背反的かつ矛盾をはらむという事実に起因する。正規の市場経済は規範として機能し、名づけることのできないガラクタの山のようなインフォーマルの「ナップサック」を構築するが、これはまさに経済という「パラダイム」以外の何ものでもない。

経済パラダイムとは、労働が「真の」意味を持っていた社会的領域から切り離された領域として経済生活を制度化する想念の体系である。つまりインフォーマルは、経済合理性および西洋的な合理性を失敗させるのである。誠実な専門家は、「合理的な」近代経済活動が失敗に終わったまさにその領域においてインフォーマルが量的に増え、また相対的に「成功」していることを認めている。この逆説に直面したとき、インフォーマルの「非合理的な」成功は、その文脈に内在する問題含みの非合理性によってのみ説明可能である。非合理的な環境のなかでは非合理であることが合理的となるのだ！　事実、インフォーマルは非定型で不可視の経済的現実だけでなく、それ自体読解不可能な社会をも示している。近代と繊細に関わりながら、合法的でも非合法的でもなく、文字通り異なる位相に存在し、支配的な指標や価値の枠外にある社会がインフォーマルと呼ばれるものである。

インフォーマル活動という現象が登場した場所と時期に関する議論には終わりがない。しかし定説に従えば、この表現が明確に使われるようになったのは一九七〇年代頃のブラックアフリカに対してであり、それからこの言葉はラテンアメリカ研究、そして世界の他の地域の研究において普及した。[78] この発見がブラックアフリカに関して起こり、それがとくに人類学者によるものだったという事実は単なる偶然ではない。

ブリコラージュ、手工業、さまざまな小さな生業《なりわい》は、非市場の伝統的領域においては言うまでもなく、合法的な領域の周縁で実践されている。これらの実践のすべては商品関係が浸透する以前から常に存在していた。闇市場での労働や家庭内での生産活動は、産業化された国々においてさえも景気の諸段階に応じて繰り返し増加している。しかし、一九七〇年代のアフリカの文脈においてこれは、決して周縁的な現象ではなく、大規模なスケールで実践されていた。当時、都市圏の住民の五〇〜八〇%は何かしらのインフォーマルな活動のなかで／によって生計を立てていた。この事実によって、インフォーマルという現象は新たな意味を獲得した。

もちろん、インフォーマルの多くの側面、とくに経済学的側面は、最終的には必要不可欠なものとなった（とくに雇用、生産、収入）。経済学者は良きにつけ悪しきにつけ、これら経済学的側面を統計のなかに入れた。また、いくつかの社会学的な側面が認知された（歩道の邪魔、都市の侵入など……）。しかし、「インフォーマル」な生活は、行政による規制と警察による対策を喚起したとはいえ、本当の意味で合法化されることはなかった。なぜなら、インフォーマルな生活は合法性が意味をもつ枠組み、すなわち西洋的な近代市民社会の枠組みの外に存在しているからだ。

反対に、インフォーマルな生活が広がるアフリカ「社会」は、ある種の非存在（non-être）〔存在を否定されたもの〕の領域で漂っている。根扱《ねこ》ぎにあった南側諸国の民衆は、固有の眼差しを奪われている。アルトゥーロ・エスコバルによると、彼らは「〜でないもの（制度化された市場経済に含まれない人々、開発されていない人々、雇用されていない人々、賃労働者ではない人々、合法的ではない人々、納税者ではない人々、国民経済計算に勘定されない人々、社会階級を形成しない人々、組織化されず中枢をもたない人々）、あるいは〜に欠けているもの（資本の欠如、起業家精神の欠如、組織の欠如、政治的意識の欠如、教育の欠如、政治参加の欠如、社会経済基盤の欠如、合理性の欠如など）」[79]として現前化している。インフォーマル活動は経済理性に対する犯罪行為である。ある意味それは、〈偉大な社会（La grande société）〉[6]の「他者」である。

標準的な経済学者は、正規の市場経済の鋳型を通じて経済の本質を捉えている自覚がなく、インフォーマルの混沌とした群れに経済と「似通ったもの」しか見ようとしない。その結果、インフォーマルは社会からの逸脱として扱われる以外にない。インフォーマルは統一性に欠け、歴史的な特殊性をもたないため、どんな原理をもってしてもその内容を理解することはできない。「インフォーマル経済」と呼ばれる活動は社会の全体性から外れており、合理性をもたない。したがってインフォーマルは犯罪行為として扱われる。

しかし、インフォーマルのなかに分類される活動が世界のいたるところ、とくに先進国自身のなかに存在することを否定するのはもってのほかだ。生産的労働の危機によって、欧州でも米国でも、周縁的な活動が勢いよく復活している（闇市場での労働、日銭を稼ぐ程度の小さな生業。それだけでなく、新世代の小農民、新世代の職人、連帯経済、小商いの起業、シェアリング・エコノミーなど）。西洋で続いたさまざまな危機――一九六八年の社会的危機、一九七四年の経済危機、一九八七年の金融危機、二〇〇八年の「サブプライム危機」、二〇二〇年のCOVID-19パンデミックの危機――は、正規の市場経済の境界線を構築してきた基盤にわずかながら衝撃を与えた。それは何よりも労働（サービス産業、新技術、テレワークの台頭）に関わるが、それだけでなく西洋の文化的アイデンティティにも触れている。周辺から中心に向かうバックラッシュ効果によって、我々の社会のまさにその中枢にインフォーマルが存在すること、そしてインフォーマルが我々の社会秩序の基礎を脅威に晒していることを発見したのである。

一九七〇年代にインフォーマルが台頭し発見された歴史的背景は、開発の失敗によって説明される。開発の失敗は、「フォーマル経済」が近代世界システムの周辺において危機に陥った特殊な形態である。

結局のところ、工業化ないしは正規の市場経済制度という図式は、経済発展した西洋の経験モデルの上に成立している。長く複雑な歴史のなかから誕生したこの図式は、さまざまな社会的含意をもっている。そのいくつかを挙げると、労働倫理、個人主義、合理性、経済的計算、成果主義の崇拝である。これらの歴史的接合は西洋に幸運をもたらしたが、世界の他の地域はこの歴史が生み出した概念的・制度的細分化に歩調を合わせなければならなくなった。西洋型の経済発展モデルのさまざまな次元が濃密に混じり合った状態で、力によって、あるいは誘惑によって、強制された。

西洋の模倣の（全面的ではないにしても）大規模かつ広範にわたる失敗は、本章で紹介されたインフォーマルの出現の理由を説明するものである。アフリカのさまざまな都市において生存を保障するこの現実は、もはや一過性の現象ではなく、持続的で、なおかつ拡大すらしているものである。西洋的想念の観点から言えば、この現実は「インフォーマル」としてしか、すなわちインフォーマル経済、インフォーマル産業、インフォーマル労働、インフォーマル社会という表現でしか捉えられないものである。

否定され抑圧された後に無定形だと判断されたこの全体は、最終的にその活力、その内発的な創造性、そして西洋型企業を失敗させたいくつかの例外的な成功によって、人々の関心を惹きつけている。だが経済学者にとってインフォーマルは、根本的に非合理的な存在であり続け、いずれにせよ正規の市場経済に吸収され、削減され、統合されるべきものだ。

一般的に経済学者は、インフォーマルのこの出現を伝統社会の名残りや、ブリコラージュ、逸脱した活動、一過性の現象とかに還元したがっている。しかしインフォーマルの存在理由と歴史的意味の全貌を掴むには、その出現を近代世界システムの中心における労働パラダイムの危機、ならびに周辺における西洋化の失敗という二重の危機の枠組みのなかに置くしかない。

北側諸国
——生き方と働き方を変える［80］

国際機関とその守護者、および彼らに追従する人々は、南側諸国の民衆の実践を支配し、彼らを「良い」方向（労働、賃労働と資本主義的企業、生産・消費活動）に再導入しようとしているが、まさにその時に〈偉大な社会〉は内部崩壊している。

ネットワークの論理は北側諸国でも資本主義的企業と市場社会を植民地化している。

「文化的創造的生活者《カルチュラル・クリエイティブズ》」——社会学者のピエール・ブルデューが定義するところの強い「象徴資本」を備え、自営業ないしは契約雇用などの形態で疑似的な独立性を獲得しうる人々——がほとんど存在しない場合でも、経営者が要求するフレキシビリティの論理は極限まで推進されており、正規の労働をも破壊している。[81]

二〇二〇年のCOVID‐19の世界的大流行によってテレワークが大なり小なり強制的に普及し、ＡＩの利用が進んだことによって、労働はより一層実在との結びつきを失いつつある。フォーマル経済のインフォーマル化が起こっているのは、正規の企業活動が可視化されなくなっているからだけでなく、この新しい生活様式によって社会空間が堕落してしまったからだ。

もちろん、その要因としては、アフリカのインフォーマルに関してすでに確認された、さまざまな負の側面や有害な活動の発展（マフィア経済、犯罪経済）の影響もある。[82]

しかしながら北側諸国において「オルタナティブな」活動を語るとき、資本主義的ではない世界を構築する自発的かつ主意主義的な企てを我々はまず想起するだろう。例えば、協同組合、連帯経済、田園回帰運動などがそうである。端的に言えば、社会的経済・連帯経済（フランスでさえ担当省庁が存在する）ないしはサードセクター経済〔第1章の訳注を参照のこと〕、さらには非営利経済と呼ばれうるものに分類されるあらゆる活動の混沌とした集まり。

これら資本主義的ではない事業体に始まり、現在暮らしている世界のすべてないしはその一部を否定してこの世界とは異なることを実践する、すなわち生き方を変えようとしているさまざまな個人や集団が存在する。これらの人々は、革新的な構造のなかで働き方と生産活動を変えようとしており、場合によっては貨幣の異なる使い方も創出している（例えば地域交換システムのように）。

これらの実践は、際限のない資本蓄積の論理や経済競争の敗者を大量に排除する論理とは異なる論理に従っている。しかしながら、この種の試みを除けば、「大陸」におけるインフォーマル労働の大部分は、自立共生的で連帯的な理想社会よりも、むしろ南側諸国において確認されるような内容へと一層接近している。ただし、文脈は大きく異なるが……。

これら北側諸国の「オルタナティブ」は、必ずしも自発的に選択されたものではない。彼らは市場経済から排除された人々、取り残された人々、生活保護の権利を失った失業者、失業寸前の人々、密入国すれすれの移民、「慈悲深い」不法移民[7]である……。彼らは、資本主義社会に嫌気がさして離反した人々——参照となる伝説的事例を挙げるなら、ロンゴ・メイ農業協同組合（Lango Mai）[8]、ラルシュ共同体（L'Arche）[9]、ラ・ネフ・デ・フゥ共同体[83]（La Nef des fous）[10]など——の対極とまではいかないにせよ、程遠いところに位置づけられる。

多くの場合に見られるのは、贈与の論理と市場の論理のハイブリッド化、人間関係上の戦略に混ざっている利益誘導主義と腐敗、多就業、労働のフレキシブル化、そして家族または疑似家族による自立共生的で祝祭的な連帯と下請けの搾取的な汚れ仕事とのあいだにある、実に多様な混合だ。これらの活動はすべて、流動化した世界の人類学的豊かさを形成している。逆説的にもこの豊かさは、市場、経済、グローバリゼーション、支配的な論理の外部において発見されると同時に、その内部にも発見される。我々は、不安定で脆弱な、流動的で反復的であるが、しかし絵になる《ピトレスク》、ピカレスク小説的で色彩豊かな世界に直面している。

サードセクター経済、非営利事業、地下経済、ウーバー化した自営業者、闇労働の狭間で、無償の奉仕活動《ベネヴォラ》(bénévolat)は「悪意のある活動《マレヴォラ》(malévolat)」に、そして「ボランティア《ベネヴォル》(bénévoles)」は「善意を装った泥棒《ベネヴォルール》(bénévoleurs)」に、さらには単なる泥棒《ヴォルール》(voleurs tout court)へと、いとも簡単に変化する。❖11

オルタナティブな実践は非常に幅広く多様であるにもかかわらず、常に周縁化されている。今世紀初めにフランス文化省民俗文化遺産局が行なった調査は、過去に存在した大量のインフォーマルな仕事を記録しており、この「見えない」世界を正確に把握するための手引きとなる。[84]

エンマウス共同体の仲間[12]にせよ、古道具の販売人にせよ、ベ・ド・ソンム[13]で赤虫を収集する仕事をする人にせよ、グランデ・ブリエール[14]の日曜大工にせよ、調査された「さまざまなインフォーマルな仕事」の記録の大部分において驚くべきことは、労働における一定の自由の重要性である。彼らは自分たちのリズムで仕事をこなす。我々はここにこそ、「これまでとは異なる方法で働き、生産する」という願望を再発見する。これは、十九世紀の空想的社会主義から現代の社会的連帯経済にいたるまで、実に多くのイニシアチブにおいて共通する願望である。

以上で述べた点は、完全にレールの敷かれた職業キャリアを歩むことに嫌悪感を抱く大卒資格のノマド的な若者が、多少は不安定な仕事に魅力を感じる理由を説明してくれる。また我々は、十九世紀パリの「崇高なる者《シュブリーム》」[15]というアナーキズム運動の香りを再発見することもある。このパリの職人的労働者は、聖なる月曜日を祝い、生活に必要なお金、とくに工房の仕事仲間と酒場《マストロケ》で楽しい時間を過ごすためのお金を稼いだら直ちに仕事の手を止めていた。[85]

これらサードセクター経済のオルタナティブ・プロジェクトには、曖昧さがないわけではない。したがって、原理原則をもたないアソシエーション運動が本来の目的から逸脱してしまう可能性を非難するのは妥当である。[86]

ポランニー流の多元的経済の三つの要素、すなわち国家による再分配、贈与による互酬性、市場による貨幣交換の「混合体」は、自己犠牲や過剰搾取を強いられる組合員が運営する下請けケアサービス事業のなかに、「コミュニオンの経済」「市民的企業」あるいは「（株主）民主主義」という名で新装され、キリスト教的な家父長主義的経営のあらゆる悪果を生み出すだろう。支配的な世界から外れるあらゆる場合において、可能なるもうひとつの世界は、それがもうひとつの開発であろうが、もうひとつの経済成長であろうが、もうひとつのグローバリゼーションであろうが、二つの世界〔支配的な世界とオルタナティブな世界〕が補完し合うところにたどり着く。これはまさに地下経済においても確認される点である。

では、労働信仰と「まったく働かない」という五月革命的な理想郷の地平とのあいだで、「働き方を変える」という言葉はどのような意味を持ちうるだろうか？　それでも、賃労働者となることを自主的に拒絶するか、もしくは賃労働者になれない状況で、なおかつ物乞いや居候生活という落ちぶれた生活を逃れるために働き方を変えることは、今日でさえも、決して絵空事ではない。それには移行措置的な妥協がともないうる。例えば、ストレスの少ない労働条件でより少なく働く、苦労をともなうが熟考や政治的行動の一部を含む活動を達成するなどだ。

そのためには際限のない資本蓄積の悪循環に抵抗し、欲求と所得の悪循環に足をすくわれないようにしなければならないが、一部の人々は、すでに個人のレベルないしは集団のレベルで労働中心社会からの脱出にある程度成功している。彼らの試みは、どれも脆弱で不安定であるものの、消費主義とスペクタクル社会の誘惑に抵抗する道を条件つきで示唆していて貴重だ。これこそがREPAS（オルタナティブで連帯的な実践を交換するためのネットワーク）のメンバーが実践しようとしていることである。[87]

このオルタナティブな文脈において「より少なく働く」とは、余暇を楽しむ感性を再発見し、マーシャル・サーリンズが分析している狩猟採集社会の失われた豊かさに戻ることを意味する。[88]

脱成長の先駆者の一人であるジャック・エリュールは一九八一年にすでに、一日二時間以下の労働を目標に掲げていた。[89] 自己制御とは、ある意味、「良心的な経済成長反対論者」になることである。なんとなれば、エリュールの言葉を借りるならば、「健康的な食べ物を食べ、騒音が少なく、調和のとれた環境のなかで生活し、交通や流通の制約を受けないことは、完全に肯定的な満足感を生む」からだ。[90] 脱成長社会の構築は、社会全体でこの変革が起こる客観的条件の実現を目指すべきである。

しかし、インフォーマル労働に関する民俗文化遺産局の調査による多くの実証的事実から、型にはまらない労働や労働規範の拒否が、柔軟な労働時間として表われていることがわかる。必ずしも労働時間の短縮は起こっていない。それどころか、いくつかの実践は、十九世紀における過度の労働時間延長を想起させずにはおれない。

南側諸国の「オルタナティブ」に確認されるように、我々は多くの場合において、市場の論理を変えたり、免れたり、悪化させたりする「贈与の精神」の存在を再発見する。

RERS（知識を交換するためのネットワーク）[16]、**SEL**（地域交換システム）、および**エンマウス共同体**は、市場の論理から離脱するように誰かを助けるためには、その人に何かを頼まなければならないという認識の上に機能している。

アベ・ピエールが何度も語った逸話は、エンマウス共同体の設立神話を提供するものだが、驚くべき内容である。人生に絶望し自殺を図った囚人は、アベ・ピエールから頼みごとをされることではじめて生きる希望と自尊心を回復した。この神父は彼に何も与えなかったし、助けようともしなかった。何かを与えることは、それが知識であろうが、救いの手であろうが、ノウハウであろうが、使用済みの物であろうが、与える側を高く価値づけ、与える側が交換を通じて何かを受け取ることを可能にする。

また、関係的戦略は商品関係を攪乱させ、人間的なものに変える。それゆえ上述の民俗文化遺産局の調査対象の一つであるミシンを使って働く若いチュニジア人は、遊び心のある環境で楽しく生産活動を行なえる。そうでなかったら、彼らは間違いなく「地獄的」と判断されるようなリズムで働くことになるだろう。しかし、贈与は深刻な二律背反をもたらすことも知られている。贈与は毒となり、債務関係を隷属関係に堕落させ、呪術的な報復を喚起することがありうる。〔上述した〕これら周縁的な経験の多くに内在する曖昧さの中心には贈与がある。

確かに、〔南側諸国だけでなく〕北側諸国のインフォーマル労働の事例の多くは、我々の目には酷い搾取労働形態に見える。なぜなら、我々は正規労働の鉄格子を通じてこれらの事例を解読するからだ。

だが、当事者たちが必ずしも同じように理解するとは限らない。我々の目には搾取労働の犠牲者のように映って見える人々は、彼ら自身にとっては「ウィン・ウィン」関係として経験されるゲームから時に恩恵を受けているのである。なんとなれば、彼らの小文字の企図（projet）〔インフォーマルな仕事〕は、我々がせっかちにも万人に対してあてはめようとする大文字の企図（Projet）〔西洋近代の労働パラダイム〕と一致しないからだ。

以上のことから言いたいのは、いくつかの明らかに搾取的労働を非難するのが不当だということではなく、〔インフォーマルの評価に際しては〕我々は慎重であるべきであり、我々の「自文化中心主義」を警戒すべきだということである。いくつかの経験が示唆する、この相対的な自立共生は、きわめて不確かなものである。困難を切り抜ける知恵は、支配的な世界（支配者の世界でもある）に対するある種の抵抗であり、実践上の妥協（compromis）が思考と魂に反する妥協（compromission）に陥るのを避けるための永続的な闘いである。[17]

北側諸国で執拗に存続する市場経済は、オルタナティブな試みを一種の補完的状況、つまり市場と競合しない劣位の存在に還元している。市場経済は長い時間をかけて、社会のなかよりも諸個人の心の奥底に二重の構造を植え込む。この二重の構造は曖昧さに満ちている。それは社会システムに対しても主体に対しても緩衝材の役割を果たす（主体に対しての緩衝材）。なぜなら、この二重構造のおかげで、市場経済から排除されている人々は、極端に不安定な状況に置かれているけれども、最低限の安全保障と尊厳を確保するセーフティネットを発見できるからだ（社会システムに対する緩衝材）。なぜなら、この二重構造があるおかげでさまざまな社会課題に取り組むための費用を最小限に抑えられるからだ。しかしこの二重構造は、サードセクター経済で働く人々を贈与の理想に従わせると同時に、商品化の論理の圧力の下で生きることを余儀なくさせることで、ある種の不安な分裂症状態へと進んでいく。

「もう一つの世界がある。それはここにある」。拙著『他のアフリカ――贈与と市場の狭間で』[91]の冒頭で引用したポール・エリュアールのこの美しい詩文は、本節にも完全に当てはまるだろう。もう一つの世界は、「歴史的なオルタナティブ」というアフリカの経験と、大なり小なり主意主義的なオルタナティブのプロジェクトとの間の暗黙の契《ちぎ》りから生じる。主意主義的なオルタナティブには、地域交換システム、知識を交換するためのネットワーク（ＲＥＲＳ）、エンマウス共同体、そして市場経済から排除された人々が内発的に組織するさまざまなインフォーマルな活動がある。加えて言えば、これらの試みの一部は、移民のネットワークや若いトルコ人女性のネットワークのように、北側諸国のなかにおける南側諸国の影響と結びついている。

それでも、もう一つの世界を今すぐここに構築することは、我々が従属している終りなき洗脳操作に抗うためにも根本的に重要であるように思われる。これらのイニシアチブと試みの歴史的意味を理解すれば、画一的な世界と画一的な思考の抑圧から自由になり、労働パラダイムの脱構築が可能となるだろう。それは、**労働の放棄**の前提条件である。

第三章 まったく働かない
――労働中心社会からの脱出

「笑え、(俺を) 笑うがよい。多分、俺は浮浪者だが、とにかくあんたに言えることは、俺があくせく働く姿を最後に見たことのある人は、いま、若くないということだね。」

コリューシュ

労働の放棄を考えるための二つの方法がある。一つ目は、先進資本主義社会の内部で起こる技術進歩(自動化/ロボット化)の結果として労働の消滅が起こるという神話である。二つ目は、経済世界から脱出することで労働の隷属的な特徴が消滅するという考えである。

労働という言葉の歴史的意味を考えるならば、労働の放棄はあらゆる目的化された活動の終わりを意味するものではない。賃金報酬を受ける活動さえもだ。労働の放棄は、何よりも隷属状態の終わりを意味する。

ジェローム・バシエは次のように述べている。「労働者とは強いられた活動を受け入れる人、自らの身体的能力や知的能力を手放して他人が支配権をもつプロジェクトに従事する人――端的に言えば、己の活動の目的から疎外されている人のことである。賃労働を廃止するだけでなく、労働というまさにその概念も放棄しなければ資本主義からの脱出はありえない理由はここにある。生産活動であろうが、組織的活動であろうが、家庭内の仕事であろうが、これこそがあらゆる領域において人間の行為の統一性を回復するための条件である。つまり、家事を労働として承認することを要請するよりもむしろ、人間活動の全体が労働とみなされないようにならねばならない。労働の終焉によって、自由時間という最も重要なものが前面に出てくる。多様で自由な活動を好む心が解き放たれる。行為の時代が始まるのだ」[92]。脱成長の企図が目指すのは、もちろん、この意味においての労働の放棄である。

歴史的に見ると、労働の誕生は経済《エコノミー》の誕生と密接に結びついているため、労働の放棄の実現は経済からの脱出を意味する。またその逆も然りである。

すべては、富と財産は労働から生産されると定義したジョン・ロックから始まった。それ以来、古典派経済学者たちは、労働によって生産される富の領域をいかにして限定するかという問題に直面した。つまり、富はどこから始まり、どこで終わるのかという問題である。

この難問から抜け出すために、ジャン＝バティスト・セイは経済的富を物質的な財に限定した。このため富を生産する労働には、工場労働者の賃労働活動だけでなく農民や職人の活動も含まれるようになった（後者は賃金報酬を受けない活動だったのだが）。農民の畑仕事と職人の仕事はこのようにして労働という範疇に吸収され、賃労働社会の屈辱的条件を受け入れざるをえなくなった。では、家事使用人、弁護士、公務員、医者、軍人、娼婦など、賃金報酬を受ける他の活動についてはどう考えればよいのだろうか？　これらもまた労働の一種であることが次第に認められるようになった（ただし、非生産的と形容されうる労働としてだが）。

この混ぜこぜの解決法は、富を効用の観点から再定義する新古典派経済学が支配的になると同時に危機に陥った。国内総生産（ＧＤＰ）という物神崇拝的なカルトが登場し、世の中が生産された富（つまり労働の成果）の評価に躍起になったとき、この解決法はさらに分裂をきたした。

富の領域を新たに限定し、経済が社会のなかで存在感を失うことを避けるために、またそれと同時に富の算出を促進するために、市場化という基準が必要となった。その結果、GDPは市場経済の生産物ならびにそれと類似する生産物の総量を目録化するようになった。つまり、GDPの計算のなかに含まれる活動と同じ形態および同じ結果をもちうるが、商品でないために計算の対象とならない一連の活動は除外されたのである。かくして家事使用人の活動は有名な「料理人の逆説」を生み出した。私に食事を作ってくれる人を賃労働者として扱い、その人に報酬を与えるならば、その活動はGDPに含まれる。しかし、私がその人と結婚すると、その活動はGDPに含まれなくなり、国内の生産は低下する……。

世界の全商品化の勝利を確実なものにするためには、GDPのこの濫用を規準化し、労働からあらゆる意味内容がなくなるのを覚悟したうえで、賃労働制度の帝国を社会全体に拡張しなければならない。これこそが、人類学者デヴィッド・グレーバーが非難する「ブルシット・ジョブ（クソどうでもいい仕事）」の勝利である。[93]

脱成長が目指す労働の放棄という企てを完全に理解するためには、〔現代社会の〕主流のイデオロギーのひとつである労働の消滅という神話に立ち戻り、「労働の終焉」説に関連するさまざまな前提――余暇社会、ベーシック・インカム――を検証しなければならない。

労働の消滅という ウソ偽り

一九九〇年代、社会空間全体を労働パラダイムと賃労働社会の完全な支配に従属させようとするとんでもない攻撃に世の中が直面していたまさにそのときに、ジェレミー・リフキンは「労働の終焉」❖1を予言した。[94] この労働消滅仮説については多くの批評がなされた。デジタル革命は、前時代の技術革命が果たせなかった約束を守り、労働という古《いにしえ》の呪いから我々を解放した。労働はついに不要になり、ロボットが人間の代わりを務めるようになる。この場合、人々は生産物を購入するに足る分だけの給付金を受けとることを条件に消費を続けることができる。余暇文明の到来によって、労働の終焉はベーシック・インカムの約束の実現へとつながるだろう。この種の労働の放棄〔による予言〕がウソ偽りであることを理解するためには、しばしば同一のイデオロギーによって描かれる、矛盾した視座を検証すれば十分である。

賃労働社会の神格化と、クソどうでもいい仕事（ブルシット・ジョブ）の増加

解放の想念と隷属的経験によってつくられた労働パラダイムがすでに曖昧となっているのは本当だ。この曖昧さは、すでに見たように、さまざまな例外ならびに経験世界の多様な様態によって補強されている。しかし、反逆者を規律化したり例外を平準化したりする試みは、労働の脱商品化を求める闘いが容易ではなく、形骸化すらしていることをよく示している。

実際のところ、労働の脱商品化は、労働中心社会、すなわち市場と資本の支配から脱出しない限りは達成できない。

市場社会に生きている限り、「仕事」（芸術作品や職人業における自己実現）と「行為」（市民の政治的生活の表現）――すなわちハンナ・アーレントによれば人間の活動の二つの形態は、その第三の形態である労働パラダイムによって大なり小なり植民地化されている。

『反労働宣言』を著わしたドイツの左派グループKrisis《クリシス》❖2の著者たちともども、我々は「労働の帝国主義」について語る十分な根拠をもっている。彼らによると労働という単語は、資本主義的支配関係の下での賃労働活動だけでなく、乱暴に拡大定義すると、あらゆる形態の目的化された活動のことをも意味する[95]。

労働が第三次産業化し、業務が主に書類の作成とパソコンのキーボード操作に変わるに従い、労働の「客観的」内容という幻想——いわゆる「自然の転換」——は消滅した。労働のイデオロギー的かつ想像上の性質の顕在化は必須のはずだが、そんなことはまったく起こらなかった。労働中心主義のプロパガンダは犠牲者自身の手によって刷新されるまでに成功した。犠牲者たちは何であれ創造的な活動を「真の」労働として再定義することを提案し、いわば「分娩進行中の」女性（femme « en travail »）というお産にまつわる起源神話❖3に言及する。しかしこれは、経済成長社会のもうひとつの顔にすぎぬ賃労働社会を、あらゆる代価を払って救済することにほかならない。市場社会を批判する左派と良心的な経済成長反対論者〔脱成長派〕との間で「感受性」の違いが最も際立つのは、おそらくこの点においてである。

クリストフ・ラモーや（よりニュアンスのある語り口で）ジャン＝マリー・アリベが提案する

ような「何がなんでも雇用を守る」というスローガンは、意識的にせよそうでないにせよ、往々にして労働中心社会への根深い執着を示している。

しかし、重要なのは労働中心社会の救済ではなく、そこからの脱出である。彼らの提案によると、まず労働は歴史的に結びつけられてきた賃労働と切り離されるが、市場の論理と賃労働社会の帝国によってやがて生活の植民地化が拡張するのが関の山だ。[96] この視座の下で人々は、労働が生活に対する支配と影響を十分に発揮していないこと、そして家事「労働」やボランティアが国民生産統計のなかに勘定されていないことを嘆くようになり、最終的にはこれらの労働に対する賃金報酬と雇用への包摂を要求するようになる。

諸活動を労働に転換するためのさまざまな仕組みが「雇用創出」の名の下で導入され、あるいはこれまでとは違った方法で失業者を計算したり統計から失業者を消したりするために使われる装置があるが、これらは往々にしてこの「ノスタルジー」〔雇用創出〕を隠蔽する。何度も繰り返し耳にするケアサービスの曖昧さのすべてはここにある！

結局のところ、アンドレ・ゴルツが述べるように、「これまで人々が自分自身のために引き受けてきた活動を、有償のサービス業務に変えるならば、雇用の発展に限界などありえない。エコノミストたちはこのテーマについてかまびすしい。例えば、「雇用の新天地」とか、経済の

「第三次産業部門拡大化」とか、産業社会の後を引き継ぐ「サービス社会」の発展といったテーマである」[97]。そしてゴルツは、「今後雇用の創出は、主として、経済的な活動にではなく、反経済的な活動にかかることになる。つまり、賃労働を、プライベートな自主生産労働に、生産的に置き換えることではなく、逆生産的な置き換えにかえると言えよう」[98]。つまり新たな召使、新たな隷属の創出である。

市場の錬金術によって、経済はしばしば雇用の増加を促し、価値の増大を可能にする。しかし満足感は増加せず、むしろ後退する。製品の質の改善をともなわなくても、輸送・包装・広告・登録商標の費用が加われば、医薬品、ヨーグルト、水、あらゆる食料品の価格は上昇する。すでに一九六八年にベルトラン・ド・ジュヴネルが報告していたことだが、「米国では、不変価格で測定された一人当たり食料消費は、一九〇九年から一九五七年の間に七五%増加している。ところが米国農務省の計算によると、物理的な食料消費量は大きく見積もっても一二～一五%しか増加していなかった。つまり、クズネッツの分析によると、食料消費の見かけ上の増加の少なくとも五分の四は、食料に関わる輸送・供給サービス費用の増加の影響によるものだった」[99]。この価値の増加は、信じられないほど大量のエネルギー（輸送）と素材（包装、保存料、広告）を消費した結果起こったものだ。そして、脱成長が優先して取り組まねばならないのは、まさしくこれら中間消費の削減である。

ほとんど絶望的なことに、枯渇する地球のなかでさらに価値を増やそうとする現在の試みは、実に破局的な生態学的影響をもたらしている(例えば、水耕栽培、遺伝子組み換え作物、原子力エネルギー、シェールガスなど)。確かに、これらの試みは(しばしば不当な賃金水準の)雇用を創出するが、同じだけの最終的な満足感は、労働時間の劇的な短縮とエコロジカル・フットプリントの大幅な削減によって獲得されるだろう。アナーキスト人類学者のデヴィッド・グレーバーが非難した「ブルシット・ジョブ(クソどうでもいい仕事)」の源泉はそこにある。[100]

反対に、市場の論理の外部で製品の質、食の風味、働く楽しみを再発見すれば、経済的価値は減る。例えば、市場の外で自律的に生産活動を行なえば、個人的満足感は改善し、エコロジカル・フットプリントとGDPは同時に縮小する。

他方でゴルツは、「マネタリズムと専門職化によって、われわれ自身で今なお引き受けている、自己生産的・自己サービス的なわずかな活動を、雇用に変えることによって、結局は実存的自律性の根拠だけでなく、生きられる社会や人間関係のある組織といった根拠まで突き崩すことによって、自分で何とかやっていけるというわれわれ自身の能力を劣化させ、いずれは無化してしまうことにならないだろうか」と自問する。[101]

アンドレ・ゴルツは、彼が「労働のメタモルフォーズ」と呼ぶ現象に関する省察を深めながら、次のように問う。「経済学の創始者たちが非生産的とみなした雇用を増やすことによって、賃金社会が救われうるのか。[…] それとも、賃金制とは異なる、活動の源泉や社会的統合の様式を見つけださねばならないのか。つまり、完全雇用社会の彼方に、各々の収入がもはや自らの労働を売る代償ではなくなるような、「完全活動」社会を企図しなければならないのであろうか」[102]。彼はさらに議論を進める。「活動または再生産と言われる労働が、個人的領域（とくに家庭）において、生産的労働の有用性と少なくとも同等の有用性を社会に対して持てるような提言は、産業社会に固有の労働イデオロギーと功利主義を救済しようとする思惑を隠してしまう。[…] 反対に、必要な労働から解き放たれた自由な時間は、活動自身の拡大以外には何の目的も持たないような活動においてしか意味を成さないのだ。そう、活動とは、生の時間（le temps de la vie）であり、生そのものの拡大を意味するのである」[103]。

したがって、あらゆる活動を労働とみなし、「われわれの社会に不足しているのは労働ではない」と結論づけるのは誤りである。われわれの社会に不足しているのは、賃労働者の生活条件を無視して生産性と競争力を追求すれば、現行の体制の論理のなかで社会化と貨幣化が可能となるような、経済的目的と経済的有用性に合致した労働である。[104] 一部のオルタ・グローバリストの要請（失業と闘うためにサービス部門の雇用を倍増する）が間違った名案である理由はここにある。この間違いは、「職探しを経済活動として捉えれば、失業はなくなるだろう」というアタリとシャンパンのいまさら自明の議論によって頂点に達した。クリストフ・ラモーは、「アタリとシャンパンは思い切ってそう言ってみたと考えなければならないだろう」とコメントしている。[105]

存在しない雇用を四六時中探すために給与が支払われるなんて、「ブルシット・ジョブ」のきわみである！　堂々巡りだ。

技術進歩による労働の終焉という神話

同時に、しばしば同じ著者たちによって議論されていることだが、賃労働社会の際限なき拡張は、技術進歩による労働の終焉が近づいているという主張と組み合わさっている。

これらの著者によって想起および言及される「第四次産業革命」は生産の方法を大きく転換し、人間活動の行方についてさまざまな問いを引き起こしている。

労働4・0はどのような形態をとるのだろうか？

デジタル革命がもたらす労働の転換に関する知的熱狂のなかでも、労働の苦しみから解放された世界というジェレミー・リフキンのテクノサイエンス中心主義的なユートピアは注目に値する。彼の描くユートピアは、ロボットのおかげで、社会的革命を通過せずに豊かさと調和のなかで暮らすという展望を提示する。リフキンによると、我々は資本主義と社会主義と地球を同時に救うことになるだろう……。我々はここに、技術革新が起こる度にアップデートされてきた、第一次産業革命以来繰り返されている予言を再発見する。機械仕掛けあるいは電気仕掛けの機械は、それが蒸気、石油、原子力の何を動力源にしていようが、その潜在的な生産性によって人間を隷属状態と労働の苦しみから解放するだろうという考えである。

想念におけるテクノサイエンス中心主義の支配力はあまりにも強く、批判者の多くはその囚われから逃れられず、いくつかの契機においてテクノサイエンス中心主義に譲歩せざるをえなかった。カール・マルクス、ジャック・エリュール、アンドレ・ゴルツでもそうだった。

テクノサイエンス中心主義は、自動機械の驚異的な器用さのなかにアリストテレスが『政治学』で想起させたものの実現を見ないわけにはいかなかったのである。「機織の杼《ひ》がひとりでに織物を織り、プレクトラムがシタールを弾くならば、仕事の支配人は労働力も奴隷の管理者も必要としなくなるだろう［106］」。

マルクス自身にとって、生産力の発展によって実現される豊かさは、革命を通じて、しかし不可避的に創出されるコミュニズムへの移行をもたらす。ジャック・エリュールは徹底的な技術批判者だったが、ある条件においては、人間によってしっかり統御されたコンピュータが、ソヴィエト連邦の直面した社会主義的計画の行き詰まりを解決し、コミュニズムへの穏やかな移行を成功させるだろうと考えていた。そして最晩年のゴルツにとっては、「ファブラボ(Fablab)」が、３Dプリンターの台頭を契機に、脱ローカル化した自主管理を構築する道具を提供すると考えられていた。

今日のテレワーク言説は、労働の消滅を予知するほどではないとはいえ、その転換を積極的に理想化している。我々はこの言説のなかに、これまでと同じ体制のなかで働き方を変えるという幻想を見出すのである。

テレワークは、いくつかのケースにおいてはある種の解放として経験されうる。

例えば、背後で監視する「威張った上司《プチ・シェフ》」が存在しない、自分にとって都合の良い時間帯に自分のリズムに合わせて働くなどが挙げられるだろう。しかし、その隠された側面と負の効果を忘れてはならない。テレワークはマクロ規模のインフラ技術網（ケーブル、電力、データセンター）と電子機器（スマートフォン、パソコン）に完全に依存している。これらの機器はそれ自体、レアメタルに依存しているが、レアメタルは中国では少数民族（ウイグル族、チベット族など）の強制労働によって、アフリカではキブ州（コンゴ民主共和国東部）の鉱山における児童労働によって生産されている。これがテレワークの見えない裏の顔である。

そして負の効果は、テレワークが「問屋制家内工業」、つまり資本主義黎明期における家庭内労働を事実上再発明している点にある。当時の資本主義はこの種の労働形態の濫用によって実に多くの非難を受けた。一般的に問屋制家内工業は、孤立した労働者が指示を与える経営者に完全に従属するので、労働者搾取の原始的形態として考えられている。働く場所と家庭生活／私生活の場が物理的に分かれていないことが多くの問題を引き起こす。とくに、一日の労働時間が際限なく延長され、歯止めがかからなくなる。また、同僚や組織の職階制との物理的なコンタクトが極限にまで失われる。かつて世間が「コンタクトのない経営管理」と呼んでいたものが、アルゴリズムによる監視の下で徹底化されるのである。

さらに、新技術の影響で、かつてイヴァン・イリイチが分析した「シャドウ・ワーク」は知らぬ間に著しく増加した。結局のところ、企業は多くのサービスを特定の人々（顧客、消費者、事業協力者、被用者）に外部化する可能性をかつてないほどもってしまったのだ。このことは公共サービスにもあてはまる。その結果、周縁地域の公共サービスが空洞化し、そこで生活する人々は大損害を受けている。犠牲者たちの抵抗運動――フランスの黄色いベスト運動は最も凄まじい事例である――を前に、政府は、以前の状態に戻るのでは決してなく、「デジタル格差の解消」という名目でテレ・サービスの可能性（医療、行政、学校のアシスタンスなど）を模索している。

かくして我々が目の当たりにしているのは、新技術が資本主義に新たな手段を提供し、労働者が無用になる脅威をふりまきながら支配を強化するさまである。したがって我々は、産業生産力至上主義の長い段階の果てに、余暇社会の到来を可能にする豊かさの時代を予想したジョン＝スチュアート・ミルやジョン・メイナード・ケインズの楽観主義的な展望とは程遠い状況に生きている。彼らの思い描いた余暇社会は、消費主義の究極の段階としてではなく、洗練されたエリート文化に大衆がアクセスできるようになる段階として考えられていた。[107]

余暇社会、および
サブシステンスの普遍的配給という幻想

生産力の継続的増加を軸に労働の漸次的終焉を考察したとき、少なくとも二つの重大な問題が出てくる。それは、余暇の問題と所得の問題である。解放された時間で何をするのか？ 人々のニーズに対してどのように資金を提供するのか？

自由時間という問題——余暇の脱商品化

すでに一九八一年に、脱成長社会の先駆的思想家の一人であるジャック・エリュールは、労働時間に制限を設けることを主張すると同時に、当時望ましいとされていたこの時間の解放の限界をある側面において強調していた。ジャン＝リュック・ポルケの記録によると、エリュールは「労働時間の大幅な短縮。週三五時間労働？ 否。それは「完全に時代遅れ」だ」と答えている。達成すべき目標は、一日二時間労働であると。

確かに、これは容易ではないし、リスクもともなうことをエリュールは認めていた[108]。

「人々が反対しうるものを、私は十分にわかっています。それは、憂鬱、虚しさ、個人主義の発展、本来的共同体の解体、衰弱、景気後退、もしくは時間を新たな商品にする余暇産業と市場社会による自由時間の取り込みといったものです」[109]。しかし彼は、「テレビ画面に釘づけになって生活する人々、ビストロに入り浸る生活をする人々」などを容易に想像できたので、「我々は根本的な問いを立てなければならないでしょう。それは、生きる意味と新たな文化に関する問い、抑圧的でもなく無秩序でもない組織についての問い、新たな創造性の領野を開くことです。私は夢想家ではありません。これは可能なのです。[…]人間は何かに関心をもつ必要があります。わたしたちは今日、関心の欠落にはちきれんばかりに苦しんでいるのです」という。自由時間と表現の多様な可能性が得られれば、「この普通の人間は自分の欲望の具現化と固有の表現形態を発見します。おそらくそれは美しいことではないでしょう。またおそらくは気高くもなく、有能でもないでしょう。それが普通の人間というものです。これこそが、わたしたちが失ったものです」[110]。

かくしてエリュールは、過去のユートピア社会の世界観――フーリエのファランステール、カベーのイカリア島、そしてガブリエル・タルドなど、この主題に関してあまり知られていない継承者――に回帰する。「まだ存在する自発的労働者は、国際的工房でわずか三時間だけ働く。この工房は巨大なファランステールであり、そのなかでは人間労働の生産力は一〇倍にも一〇〇倍にも増加し、その創始者の期待を凌駕するだろう」とタルドは述べている。[111]

初期社会主義者たちのこのユートピアは、ラッダイトや前章で触れた十九世紀パリの「崇高なる者《シュプリーム》」など、かつての労働者の切なる夢と通じ合う。十九世紀の経営者たちは、脱成長の先駆者であるこれら「崇高なる者たち」を非難していた。しかし、労働よりも祝祭を好み、工房の規律に従うことができないこれらプロレタリアートの非倫理性は、生活に対する民衆の視点そのものだった。[112]「二十世紀初めまで、親方見習と職人には、常にこの権利がみずからのものだった。職を替えたり、旅行したり、経験を積んだりすることは、かれらにとって人間の権限の一部であった」とゴルツは述べる。[113]

しかし、これら「崇高なる者たち」とは違い、社会主義者たちは（そしてまたエリュールも）、労働時間短縮を技術進歩と機械の導入に結びつけている。社会主義者たちにとって労働の解放は機械の生産性（しかし、それだけでなく労働の合理的組織化）に大きく依存するが、脱成長派はむしろこのような考えを捨て去ることをこそ欲する必要がある。

エネルギー消費を必要最低限に抑えると、機械の効率性が若干低下する可能性がある。

しかしこれは、想念の変革の文脈においては悪いことではない。化学肥料、農薬、そしておそらくはトラクターを使わない農業への「回帰」は、その最も生き生きとした具体例である。[114] すでに議論したように、完全雇用は、物質的生産が低いレベルでも達成可能である。ただしそのためには、従来の商品消費の分別ある（そして多くの点において望ましい）減少がともなう。

これらの著者たちは、解放された時間という政策内容を正確に説明しなければならない。一九六二年、社会学者ジョッフル・デュマズディエが『余暇文明に向かって?』という画期的研究を出版し、余暇の三つの機能――気晴らし、娯楽、（人格の）発達――を詳細に検証した。[115] しかし、この理論構築の全体は、「自律的主体」という問題含みの仮説に立脚している。

ところで、その時代、アンリ・ルフェーブルは、「官僚的な管理消費社会」において「我々自身を作り上げているのが、もはや労働によってでもなく、労働においてでもなく、労働とともにでもない」ならば、「生活の意味、それは意味を奪われた生活である」ということを見事に示した。[116] それから半世紀以上も経過したが物事は改善されていない。「ブルシット・ジョブ」だらけの労働においても、余暇においても、デジタル社会は市民を完膚なきまでに疎外している。その上、労働と余暇の間の境界線を引くのがときとして難しくなっている。

我々は、ジャック・エリュールとアンドレ・ゴルツが生きた時代に彼らが喚起した問題関心を再発見する。それは、豊かな世界における生活の意味《サンス》という問題だ。

生活の「再魔術化」がなければ、脱成長はここでもまた失敗に終わるだろう。解放された時間に再び意味を与える必要性は最も重要であり、挑戦である。

長年にわたって賃労働制の転換が起こらなかったならば、労働者階級は「余暇への適性」、つまり「自律的活動によって解放された時間に使いこなす客観的・主観的なさまざまな方法」[117]をもたないだろう。現在の条件では、解放された労働時間は経済から自由になっておらず、理想からは程遠い状況である。自由な時間の大部分は生活の再領有化をもたらしておらず、支配的な市場モデルの外部に脱出する道とはなっていない。自由時間のほとんどは往々にして市場経済活動に費やされており、消費者は自主生産の道を選ぶことができない。自由時間は市場経済活動を追求するもうひとつの道となっている。ダニエル・モテによると、自由な時間は常にもっと専門職業化され、産業化される。[118]

アンドレ・ゴルツにとって、「趣味や願望それに概念などの形成において、レジャー産業や文化産業に優位でありたいと思うならば」、社会主義運動はこの分野に投資しなければならない。

そのとき、「この自由時間とは、好みによって、あるいは各個人の状況によって、勉強したり、もう一度勉強し直したり、職を替えたり、別の生活スタイルを試してみたり、あるいは、職業から離れた第二の人生を始めたりすることに役立つのである。いずれにせよ、それは、経済合理性に支配された空間を制限する。また自由時間が、経済的目的を、個人と社会の自律性に役立たせる目的の社会的企図と結びつくのであれば、そこには社会主義的意義があると言えよう[119]」。最終的に、ゴルツは次のように結論づける。「私が擁護するのは、このようなシステムではない。むしろ、経済的目的を持たない、公的かつ私的な、社会的かつ個人的なさまざまな活動が優勢になるような社会に向かう、労働社会からの脱出口を、今こそ考えねばならない。〔…〕経済を消滅させたり、産業や企業の自律性そして資本を廃止したりすることを問題にしているのではない。ただ重要なのは、資本の自律的要求のなかで表現されているような経済合理性を、本来の位置、つまり従属的な位置に置き直すこと、政治に対する経済の支配に終止符を打つことである」。そして彼はより論争的な口調で次のように付け加える。「別の言い方をすれば、資本の自律性や論理を廃止することなく資本主義を消滅させることが求められている。というのは、資本の自律性とその論理は、限られているとはいえ、確かに有効な領域をもっているからである。〔…〕資本主義的経営以外に、企業を導く際の経済的に合理性のある方法はない。だからといって、それは、あらゆる企業や活動が、資本主義的経営に従わねばならないということではない……」[120]。

以上で述べられていることは、「経営管理の新たな基準」ならびに「企業内部における市民権」という問題を提起する。社会主義者たちは、生活の変革を考え始めた一九八一年にこれらの問題について考え始めた。しかしこのプロジェクトは、一九八二年に緊縮財政への政策転換が始まったときに頓挫した。節度ある豊かな社会への移行は、新たにこれらの問題に取り組まねばならない。

現代人はもはや時間のなかに生きていない。自由な時間は無意味なもの、つまり耐えられない何かとなった。現在という感覚は、バーチャル世界の永遠のなかに消え去った。確かに、我々の平均寿命は延びているが、生きるための時間をかつてなく失っている。我々は、存在の本源的基礎との繫がりを失ってしまったのだ。有機体、植物、動物は、機械、電子機器、デジタル技術、ロボットに大きく置き換えられてしまった。世の中はついにアルゴリズムの独裁に到達した。❖4 ゆえに労働中毒からの解放は、遅さや、テロワール、近隣コミュニティ、隣人と結びついた生活の風味《サヴール》を再発見することを意味する。

ボードレールが称え、テイラーが闘った「遊歩《フラヌリ》」を再評価するのはばかげたことではない。

事実、「ラグ・タイム」の消滅は、時間の死に値する。この点において重要なのは、神話と化してしまった失われた過去に戻ることではなく、刷新された伝統を発明することである。「自由な」時間の奪還は、想念の脱植民地化〔第1章訳註16を参照〕の必要条件である。メディアやデジタル世界という阿片《オピウム》よりも、人々の自由時間《オチウム》を促進するほうが価値あることだ。❖5

したがって、今日の生産力至上主義的で労働中心主義的な社会体制から脱出するには、まったく異なる社会組織が必要だ。そこでは労働とは別に余暇や遊びが価値づけられ、不用で有害な使い捨て製品の生産・消費よりも、さまざまな社会関係が優先されるだろう。

フランソワ・ブリューヌが述べるように、「根本的には、われわれが直面しているのはパーソナルな時間の奪還である。それは質の高い時間である。生産物に関する思念から解放された、遅さと観照を育む時間である」[121]。ハンナ・アーレントの表現を用いるならば、「活動的生活《ヴィータ・アクティヴァ》」の抑圧された二つの要素、すなわち職人と芸術家の制作活動、および政治的行為が、労働とは別に市民権を再び与えられ、労働が占めていた場所を徐々に奪還するのだ。だが、「観照的な生活」それ自体（つまり、古代ギリシア人がスコーレと呼んでいた、貴族的な意味での自由時間）が治癒されなければならない。このように理論化される「自由な時間」の奪還は想念の脱植民地化の一形態であり、またその必要条件である。

自由時間の奪還は、労働者と勤労者だけでなく、仕事のストレスを抱えている基幹職《カードル》、経済競争に取りつかれた経営者、経済成長圧力に締めつけられる専門技術職にも関わる問題だ。彼らの一部は、脱成長社会を構築するにあたって仲間となる可能性がある。そのためには、アンドレ・ゴルツが提案したように、「生活環境の整備・文化政策・職業訓練・教育などを包括し、また、相互扶助、協働、自発的な自主生産などの自主管理活動により大きな活動の場を提供するようなやり方で、社会サービスや公共設備を作りなおす時間政策」[122]が必要である。

ベーシック・インカム

労働の終焉は、それが完全なものであれ、部分的なものであれ、所得の出どころの転換をも意味する。所得は生産された大量の商品を購入するためにかつてなく必要とされているが、それを消滅途上にある労働に直接結びつけることはもはや不可能だ。一般的には、技術進歩による労働の終焉を予言する人々、そして労働時間の大幅な短縮（パートタイム、選択的時間など）ならびに労働の場の大幅な削減を提案する人々は、所得の実質的な喪失と消費の終焉という脅威を緩和するために、何らかの形態のベーシック・インカムを推奨している。

トランスヒューマニズムの教祖たちもまた——そのなかの一人の巧みな表現によれば「未来のチンパンジー」、すなわち多くの普通の民衆で構成される大多数であり、ロボットの普及により無用となった、能力を高められなかった人々のために——生存のための給付金を予見している。他方、「サイバー人間」となったエリートは、我々が進む最善世界を管理するために天文学的な高額所得を貰いながら働き続けるのである。したがって、議論がこの点に到達したとき、我々はユニバーサル・ベーシック・インカムのさまざまな提案に直面する。

ベーシック・インカムは、文脈に従ってさまざまな名前（ベーシック・インカム、生存所得、無条件インカム、ユニバーサル・インカム、市民権所得など）で提示され、内容も大きく違うが、その諸々の提案はここで大きな重要性を帯びてくる。

我々は、脱成長運動の大部分が自律自治のためのユニバーサル・ベーシック・インカムを要求してきた一方で、同運動の一部の人々は無関心だったり明確に反対したりしているだけに、この問題を提起せずにはおれない。[123]

アンドレ・ゴルツ自身は、長年にわたってユニバーサル・ベーシック・インカムという考えに反対していたが、すでに述べた理由から、最終的にはＭＡＵＳＳ（社会科学における反功利主義運動）❖6に賛同を示すかたちでベーシック・インカム論者となった。[124]

現代において、万人に対して揺りかごから墓場まで普遍的給付や基本的所得を保障する提案は、超自由主義陣営の人々（ミルトン・フリードマンたち）から提出されているが、福祉国家のコストを最小限にまで抑えることを狙っている。彼らの議論の基礎にあるのは、徹底的なハイパー個人主義、もっと言えば無政府主義的な資本主義の思想である。負の所得税を導入し、生活のための闘いに最初から参加する機会を各人に与えて、連帯については後から議論しないことが重要だというのだ……。

もちろん、勝ち組の高所得をベーシック・インカムに置き換えることが目的ではなく、非自発的／自発的失業者が生存し、消費しつづけられるようにすることが狙いだ。

この考えは、異なる政治思想をもつさまざまな理論家によって取り上げられ、研究し直された。例えば、リオネル・ストルリュやヨランド・ブレッソンは自由主義者の立場から、フィリップ・ヴァン・パレースは自由社会主義者の立場から、ブノワ・アモンは社会民主主義者の立場から、ヴァンサン・リエジーたちは脱成長派の立場から理論研究を行なってきた。

現在ではベーシック・インカムを推進するＢＩＥＮ（Basic Income Earth Network）というグローバル・ネットワークも存在し、ローマ教皇フランチェスコが支持を宣言した[125]。

反功利主義者たち❖[7]は、「市民権所得」の名の下、最低所得よりもディーセントな〔＝社会生活の規準に見合う、尊厳を失わない〕給付水準を推奨する。彼らは、フランス革命期にこのような企図を発展させたトマス・ペインの思想に遡る。また、アテネで導入された「ミストン」の導入を呼びかけたりする。ミストンとは、ペリクレスの時代に貧しい市民に導入された補償金であり、彼らがプニカの丘にある人民の議会に参加できるようにするものである。

活動的連帯所得手当（RSA）の前身である最低所得保障制度（RMI）をめぐる議論の文脈において、MAUSSの設立者アラン・カイエは、市民が人間以下の状態に陥るのを回避すべくこのような市民権所得を支持する議論を展開した。彼はまた、超人類状態（権力の集中、際限のない富）への転倒を回避するために、この最低所得保障制度は所得上限制度（例えば、勤労者の所得の四〇倍まで）の導入と組み合わされねばならないと付け加えている。[126] カイエやアンドレ・ゴルツにとっては、最低所得保障制度ないしはそれに相当する制度を真の市民権所得へと進化させ、この制度を労働の義務と切り離すことが重要なのだ。

これらの所得保障制度を正当化する理由としてしばしば言及されるのが、先進産業社会で生産される富は、新古典派による経済成長分析によると、労働や資本の要素よりもむしろ、途方もない生産力の土台にあるテクノサイエンスの蓄積の結果であるということである。

技術進歩のこの超過利潤《レント》はある種の共有財《コモンズ》を構築するので、生産活動に応じた手当とは関係なく市民の間で分かち合うのが妥当だろうということだ。すると、トマス・ペインが望んだように、慈善《チャリティ》ではなく公正《ジャスティス》さに立脚した権利が問題となるだろう。もちろん、現代の文脈では、失業問題を解決する必要性や需要を維持する必要性といった経済的目標がこれに加わる。

本当のところ、所得を労働から切り離す可能性、さらにはその必要性が認められたとしても、両者の関係が完全に断たれることはまずない。残存する労働に関連づけられた所得の階層構造は、緩和されこそすれ、廃止されない。したがって多くの場合、暗黙裡に問題となるのは、労働の完全な終焉ないしは生産力至上主義／消費主義的経済の消滅を待つ移行期的体制だ。ただし、移行期的体制においては、目標が達成されず、労働の終焉の予言者たちの知らぬ間に、労働と消費主義的経済が（いつまでも？）延命されるリスクを抱えている。

自律自治のためのベーシック・インカムの無条件支給というアイデアは、魅力的であるし、とくに雇用危機の時代には（ＣＯＶＩＤ－19のパンデミックの文脈ではなおさら）脱成長派による要請の名の下に発展させられる可能性がある。とはいえ、働かなかったとしても簡素だが尊厳ある生き方を選べるような、少しでも実質的な支給額を獲得する見込みについては期待しすぎないほうがよい。

社会的想念における労働イデオロギーの影響は甚大で、世の中には、拡大成長型経済の客観的論理からの制限のみならず、制度的な見返りをともなわない所得を与えることへの非常に強い心理的抵抗が存在する。脱成長派の論者自身、無条件のベーシック・インカムを推進するためにあらゆる形態の代価を放棄するという企図にはしばしば躊躇を示している。彼らは、贈り物の受け取り手は相当のものをお返しする道徳的義務を負うという贈与の論理を完全に信頼してはいない。このような理由から、「幸せな脱成長のための運動（il movimento per la decrescita felice）」に所属するイタリアの脱成長派の人々は、二〇二〇年二月十二日に公開したユニバーサル・ベーシック・インカムの提案のなかで、無償のベーシック・インカムの支給に対する見返りとして、市民活動への参加を義務づけることを要求している。地域社会の利益に資する労働に参加したり、ボランティア活動に従事したりするというものだ。要するに、条件つきの無条件ベーシック・インカム、制限つきの自由である……。

現実には、自律自治のためのベーシック・インカムは、経済成長社会の基本条件と相容れないものであるだろう。ベーシック・インカムの要求は、それが既存の体制から抜け出さなくては達成不可能であることを知りつつも、生産力至上主義的／消費主義的経済の矛盾を明るみに出すために、議会政治のゲームのなかで戦術的に推進されうるものだ。

この政策は現在の文脈ではユートピア的であるが、推進派にとっては真の文化的革命となるだろう。同時にこの政策は、広域地域圏、国家、欧州、世界レベルで、計り知れない結果をもたらすだろう。しかし、この政策が採用されるには想念の脱植民地化が必要だ。ただし、そうなったとき、経済成長の論理と決別して節度ある豊かさに向かう社会においては、ベーシック・インカムのような企図はもはや存在理由を失うかもしれない。賃労働制の廃止と労働の脱商品化が実現すれば、ディーセントな生活を保障する、自律的でなおかつ報酬のある活動が、すべての人々に行き渡ることになるだろうからだ。

労働の脱商品化

逆説的なことだが、技術進歩は労働の終焉を必然的に引き起こすという誤った考えが広く普及している一方で、脱成長が労働の放棄を促すという考えはほとんど理解されないし、受け入れられもしない。この抵抗は、賃労働制という隷属を生存のための当然の条件とみなす経済パラダイムによって想念が植民地化されたせいで、労働の本質性を信じるようになった結果であることに疑いない。

労働や経済が近代の「発明=でっちあげ《アンヴァンシオン》」[❖8]であるという認識を人々に浸透させるのは容易ではない[127]。これらの実践が出現したのなら、その消滅もありうる。しかし、その可能性を受け入れる試みは、大きな抵抗に遭遇する。ここで我々は再び、労働や経済と決別して未知の領域に飛び込むことに対する不安を感じる。かつては、プロレタリアートは彼らを締めつける鎖以外は何も失わないと言われてきた[❖9]。しかし、疎外された世界において、その鎖は生活に深く根づいているものなのだ。歴史は、奴隷がその鎖を簡単には手放さないことを我々に教えてくれる。

労働の消滅を考えることは、十八世紀から「経済」として認識されてきた人間活動の脱商品化を考えることを意味する。しかし、この脱商品化を考えるためには、商品化の意味を理解し、歴史の或る時点で人間がどのように商品関係に巻きこまれてしまったのかを理解する必要がある。偉大な経済学者であり人類学者でもあるカール・ポランニーは、その著作『大転換』においてこの過程を見事に分析した。同書で彼は、自己調整的市場の出現の歴史を追いかけている。

労働の脱商品化は、近代の想念および経済パラダイムからの脱却を必然的に意味する。時間の制圧は、経済成長社会の生産力至上主義が引き起こす具体的世界の破壊の核心だ。中世半ばの西洋文明における時計の発明は、世界の人工化、すなわち聖性の喪失の始まりだ。この「集-立」[10]（arraisonnement）を具現化する道具が、近代という時代の革命の幕を開けた。時間が機械的かつ可逆的になることで[11]、その「具体性」を喪失した。もはや時間は太陽や月の周期、季節や収穫のリズム、自然界のさまざまな出現や出来事とのつながりを失った。経験世界の座標は、生業（種まき、刈り取り、採集、果樹の伐採など）によって与えられるものではなくなり、宗教的あるいは世俗的な祭りによってリズムを与えられるものでもなくなり、抽象的な機械運動で規則づけられるようになった。時間は経験世界とのつながりを持たない均質的な大きな存在となり、経験世界もまた、一貫性のないごちゃごちゃしたものへと次第に変わってしまったのだ。それ以来、あらゆる活動は労働に、あらゆる価値はお金に根拠を求めるようになった。労働はますます抽象化され、時間量で測定され、お金と同等になった。

労働、時間、お金は、交換可能で一体となった基体を形成し、商品はこの基体上で価値を持つ。祝祭日の消失や、日曜労働、夜間労働、そして女性労働や児童労働の導入など、時間は数えられ、割り引かれ、経済の核心に位置づけられる。

限られた時間のなかで常により多く生産しなければならない。生活のリズムを加速化し、耐久性（製品の寿命）を縮めなければならない。経済成長という宗教のせいで悪の道に入った近代は、「力」「勇敢さ」「進歩」「成果」「快挙」「時間と空間の支配」の同義語である速度に満足するしかない。これまでと同じ制度のなかにいながら技術革新によって労働の放棄を実現するといった考えが大きな欺瞞である理由はここにある。また、経済との決別や経済からの脱出のないまま、労働時間の漸次的かつ継続的な短縮を通じて、および／あるいは労働の内容と条件の修正を通じて、労働の終焉へと向かう試みが――どれだけ興味深くとも――最終的には失敗に終わる理由もここにある。

「まったく働かない！」とは、確かに挑発的なスローガンである。だがそれは、賃労働制の拒否、すなわち労働契約に起因する隷属状態からの脱却を目ざすものだ。

ダニ＝ロベール・デュフゥールは、「資本主義的産業に固有の近代的賃労働奴隷は、古代の奴隷制を繰り返して発展させたものに過ぎなかった」と的確に指摘している。[128] 古代ギリシアと古代ローマの人々は、雇われ労働（ラテン語の法律用語で locatio operae と呼ばれる）について何も知らなかったわけではなく、賃労働者を一時的な奴隷とみなしていた。もし労働（travail）という言葉に、賃金と引き換えになされる自発的な奴隷労働の契約制度という歴史的意味を付与するなら、「賃労働（travail salarié）という表現は冗語法となる」。賃労働という表現が存在するのは、労働という言葉が、経済とみなされる領域――明確に定義されていない――における、特定の目標を持った人間の活動全般を指すようになったからだ。この事実から、無償労働、ボランティア労働、非営利労働などの表現が生まれている。

十八世紀まで、人々は自由な活動を労働と呼ばなかった。（多くの場合、気前のよい水準で支払われる）報酬が発生する場合であってもだ。これは、セバスティアン＝ロック・ニコラ・シャンフォール（一七四〇―九四）がマドリッドの王宮を訪問した時の逸話からも明らかだ。彼は主著『完成された文明の成果』において、次のように語っている。「一人のフランス人が、スペイン国王の書斎を見学することを許された。国王の椅子と机の前に辿り着くと、彼は「この偉大な国王はここで働いているのか」と言った。すると案内人は、「なんと！ 働くとは、なんと無礼なことか。この偉大な国王が働くとは！ お前は陛下を侮辱するためにこの部屋に入ったのか！」と返した。口論が始まった。フランス人はスペイン人に陛下を侮辱する意図がなかったことを理解してもらうのに相当の苦労を要した」。この誤解は、二つの異なる価値観の衝突から生まれた。啓蒙主義の薫陶を受けたフランス人は、すでに近代の価値観を受け入れていた。一方、スペイン人は貴族社会の古い美徳に固執しており、貴族が働くことは許されないという考えを持っていたのである。[129]

賃労働制はブルジョワ産業企業に機能的に依存する労働の形態だ。無限の余剰労働力としての移民に依存するようになるより先に、マルクスが言うところの「産業予備軍」の創出、すなわち農村から追い出された農民とプロレタリアート化した職人の流入によって競争が激化した。労働力の再生産コストは、奴隷と同様――「労働する動物《アニマル・ラボラン》」〔賃労働者〕の生活に住まいと食卓用具を保証する必要ないほど――最低水準に抑えられた。その結果、賃労働制は、市場経済に付き物の景気変動に最も効果的に適応する手段となった。しかし、東欧の大規模な穀物農業開発の文脈では、ブルジョワ資本主義は第二身分の奴隷を取り込み、新世界のプランテーション（砂糖、コーヒー、たばこ、綿）において真の奴隷制度を再発明した。後者は第二次世界大戦期、そしてそれ以後も、「強制労働」[130]という名の下で植民地に存続した。

しかし、労働それ自体は真正の商品ではない。なぜなら、労働は工場で製造される布地やロボットのように生産されるものではなく、労働者の人格と完全に切り離せないものだからだ。労働の商品化、つまり労働を市場取引可能にするプロセスは、システムとしての市場（Marché）、すなわち資本主義の台頭条件だった。人類学者カール・ポランニーの見事な分析[131]によると、労働は、そして土地や貨幣も、擬制的商品としてのみ存在し続ける以外にはない。

賃労働活動の最終的な非人間化は自動的に進行したが、それは機械への従属や市場への依存よりも、むしろ雇用主の匿名性に起因する。個々の経営者から匿名の企業へと移行する過程で人間関係が失われ、派遣や下請けを頻繁に利用する傾向が、これをいっそう悪化させている。被用者は、企業の株主のための価値を生産する調整変数にすぎなくなった。CAC40[12]上場企業のリストラ計画はこの現象の日常的な証左だ。

この問題において、マルクス主義やマルクス自身も責任を免れることなどできない。シモーヌ・ヴェイユが的確に指摘したように、彼らは資本に対する労働の形式的・実質的従属を非難はしても、労働者の日常的経験における労働の非人間化について十分な批判は加えていない。

レーニンや他の共産主義者は、社会主義的なテイラー型生産方式を推進したものの、鎖につながれた労働の地獄を決して知らなかった。それはスターリンの有名な著作『人間、最も貴重な資本』で頂点に達した。もちろん、超自由主義はこの問題を、理論的にはゲイリー・ベッカーの人的資本アプローチ、実践においては労働の「ウーバー化」を通じて、極限まで推進した。起業家的労働者というフィクション自体が、そのカテゴリーにあてはまる労働者の人的資本を価値づけつつも、疎外と自発的隷属化を究極の段階まで到達させているのだ。

プラットフォームビジネスの影響で、非給与労働者は「雇用以下」の状態にとどまり、給与労働者としての福利厚生を享受する機会がまったくない。市場による全体化は、労働の商品化というパラダイムを、科学研究、文化、健康、教育分野といった、かつてはその導入が考えられなかった領域にも押し拡げる。今や、アイデアの市場というものが本当に存在する。人手を売り買いするように、頭脳の提供が売買されているのだ。それゆえアラン・シュピオは、働き手《マン・ドゥーヴル》(la main-d'oeuvre)という言い方があるように「働き脳《セルヴォ・ドゥーヴル》(cerveau d'oeuvre)」という言い方で語ることを提案している[13]。

したがって、労働中心社会から脱出するためには、なによりも労働の脱商品化が必要だ。労働の「脱商品化」への回帰は至上命題である。労働時間の大幅な短縮、完全雇用の実現、および労働のフレキシブル化と雇用の不安定化に対抗する労働者の保護が、ポスト成長社会を築いてゆくにあたって、活動的生活を変革する重要な第一歩となるのは確かなことだ。

労働権は、自由主義者と社会自由主義者からは〔労働市場の〕硬直性の原因とみなされるが、〔労働のフレキシブル化と雇用の不安定化を防ぐためにも〕移行期間のあいだはずっと、維持・強化されねばならない。労働権は、賃労働という隷属体制の廃止という最終段階への移行を促進し、必要不可欠な脱成長を実現する手助けとなるだろう。

また、経済学における自発的失業理論に対抗して、ディーセントな最低限の給与水準を、そして仕事のない人々のための給付を死守することが必要だ。その理論は、とんでもない欺瞞であるから。

「社会的次元の価格競争」という今日のゲームは、生態学的次元での価格競争と同じく、容認できない。経済競争が労働価格、すなわち人間の生活に影響を与えることは、決して許されるべきではない。労働コストを削減し、労働者を競争にさらし、労働者にディーセントな生活水準を下回る給与を受け容れさせることなど断じて許されない。[132]

自由主義者でさえ一部の財・サービス市場を規制する必要を認めているが、それ以上に大切なのは、人間同士を競争させないように社会を組織することだ。それゆえに、本書ですでに提案した労働時間の大幅な短縮が、労働のフレキシブル化と不安定化に対抗する、社会的保護の第一歩となる。しかし、繰り返し強調しておきたいのは、労働の内容を変革し、労働そのものを放棄する方向に進まなければ、我々は行き詰まりに直面するということである。

労働時間の短縮と労働内容の変革は、社会による選択であり、脱成長が要請する文化的次元の革命の結果であるという点を、何よりもまず認識すべきだ。

政治的・私的・芸術的生活のみならず、遊びや観照においても市民が成熟できるように、制約されない時間を増やす――これが、新しい豊かさの条件だ。ガブリエル・タルドは、「欲求が減ると心のなかに空っぽの場所が残された。さまざまな才能がその場所を占め、芸術・詩・科学の才能は、日に日に増幅し、その場所に根を下ろす」[133]と、すでに指摘している。

より少なく働くこと、これまでとは違った方法で働くことは、まったく働かない生活へと進むことをすでに示唆している。それは、先に指摘した通り、余暇の楽しみを再発見し、マーシャル・サーリンズが分析した狩猟採集社会の失われた豊かさに戻ることを意味する。自己制御[14]することは、ある意味、「良心的な経済成長反対論者」になることだ。

脱成長社会を構築するとき目指すべきは、この変革の具体的条件を社会全体のスケールで実現することである。[134] 後期近代において、そして金融化とグローバル化が進む資本主義の競争原理に取りつかれた社会環境下で、この展望は、かつてなくユートピア的に映るかもしれない。それは初期社会主義とマルクス主義の伝統に通じるものである（マルクス主義に関しては、とくに青年マルクスの伝統である。マルクスの娘婿ポール・ラファルグは『怠ける権利』を執筆したが、若き時代のマルクスから多くを学んだ）。この領域においても、脱成長はまさしくエコ社会主義の一潮流であると言える。

結論　そして、その後……

ユートピアは、それがどれだけ具体的で、現実主義的なデータと真実味のある展望から構築されたとしても、魔法の杖の一振りで実現されるものではなく、思い描いたとおり展開するものでもない。ポスト経済成長文明も例外ではない。崩壊学者が予知する黙示録的な文明崩壊が起こる前にポスト経済成長文明に入るのか、それともその後なのか、いずれにせよ、我々の子供たちが生産力至上主義的で消費主義的な社会を変容させ、前の時代の世界の瓦礫からブリコラージュして作るものは、我々が彼らのために夢見た社会とも、彼らが実現したいと望んだ社会とも違っているだろう。しかし、夢に描いた未来のビジョンは、現在の悲惨さを耐える助けとなり、新たな文明を創出する歴史的冒険を導き育むのに貢献しうる。

今や時代の流行となった崩壊学が出現した一因は、資本主義からの脱出を想像するよりも文明崩壊――この概念がどれだけ不正確であろうが、いや、むしろその不正確さのゆえに――を想像するほうが簡単だからという事実にあるのは間違いない。崩壊学の関連文献を読むとそのことがよくわかる。気候変動、生物多様性の喪失、続発するパンデミックなど、多くの兆候によって示されているように、文明崩壊はすでに始まっている。反対に、資本主義の論理との決別や経済成長社会からの脱出は、多かれ少なかれ遠い先の仮説的な展望のままに留まっており、納得のいく兆候は見当たらない。

主要先進国においてＧＤＰで測定される経済成長がほぼ停滞しているものの、経済成長イデオロギーは依然として存在感を示し、近年の流行から緑という形容詞で色づけられているかどうかにかかわらず、常に社会のなかに胚胎している。北側諸国ではＧＤＰの成長はまったくないか、もしくはほとんどなくなっているが、新興国ではかつてないほどのＧＤＰ成長が見られ、この現象が地球の健康に破滅的な影響をもたらしている。さらに、富裕国での統計上の経済成長の減速も、資源収奪と環境破壊の増加に歯止めをかけるには至っていない。なぜなら、商品生産物の価値が継続的に下落しており、その分だけ量的な消費と廃棄物の生産は増加しつづけているからだ。

資本主義、経済成長社会、経済システムから、法令《デクレ》によって抜け出すことはない。ましてや、賃労働の隷属体制である労働を一朝一夕に放棄することもないだろう。これらの変革は、長い歴史的過程のなかでしか起こりえない。さまざまな破局、そして経済・金融・医療・生態学的危機は、変革の必要性を人々に認識させ、いくつかの企図を前進させ、深層における転換を強いる契機になりうる。しかし、新たな文明は、確立される社会的想念と具体的現実とのあいだの弁証法的プロセスのなかから生まれる。労働の規律が強制される現象は、労働価値という想念が支配的になり、人間の慣わしや行ないが数世紀にわたってしばしば暴力的に転換させられた結果である。

西洋文明においては、多くの個人、農民、職人、さらには貴族でさえ、労働というこの新しい規律に服従するよりも極貧に沈む選択をした。また、ヨーロッパ帝国主義の犠牲となった国々では、住民全体が消滅を選んだケースもあった。労働中心主義の文化から抜け出すのは、それほど容易ではないだろう。逆説的に聞こえるかもしれないが、労働は、資本という匿名の怪物への金融的従属や雇用主の傲慢なヒエラルキーへの服従、機械の専制への隷属を意味するにもかかわらず、多くの人々にとっては手放せない麻薬のような存在になっている。労働への中毒症的依存がとくに強い米国人は、これを「仕事中毒《ワーカホリズム》」と表現する。

工場の生産ラインで働く労働者は、労働者のなかでも最も疎外されているが、それでも、その名の由来である作品《ウーヴル》（œuvre）を完成させる感覚には至らないまでも（労働者《ウヴリエ》［ouvrier］という言葉は語源的には作品《ウーヴル》に由来する）、労働集団における人間関係の豊かさに加え、創作活動に参加している感情や、それによって得られる一定の自尊心を感じることがある。強制された隷属状態の苦しみは生活の一部となり、それなしには生きられないとさえ感じられるようになる。さらに、技術に依存する賃労働すべてが隷属的なものであるわけではない。賃労働は、さまざまなアソシエーションのなかで達成される活動とは別に、今後も存続しつづけるだろう。

想念の脱植民地化は、新たな実践の機会やそれが必要とされる状況の出現とともに進展しなければならない。

カストリアディスは次のように述べている。「例えば、我々の話題に上っている社会においてパイディア、つまり市民教育と呼ばれるもの――今日では議論されなくなっています――が存在しないとすれば、市民参加の自由や可能性は何を意味するのでしょうか。大切なのは、市民に算術を学ばせることではなく、市民であることを学んでもらうことです。生まれたときから市民である人は誰一人としていません。では、どのようにして市民となるのでしょうか。市民としての生き方を学ぶことによってです。まず、我々は、暮らしている都市国家を眺めることで市民とは何かを学びます。今日我々が観ているテレビによって学ぶのではないことは確かです」[135]。

ポスト成長社会における教育は、カストリアディスが述べるように、意思決定への政治参加を学ぶだけでなく、物質的・文化的な生活全般への参加も含まれる。新たな社会はその自律自治を構築し、社会生活の方向性、すなわち何をどのように生産したいのかを決定しなければならない。問わねばならないことは山ほどある。なぜなら、理論上では、すべてが文字通り問い直される必要があるからだ。しかし実際には、選択肢は具体的状況によって大きく限定される。

権力と富の傲慢《ヒューブリス》が無制御に跋扈《ばっこ》する自由な都市国家に暮らす市民にとって、豊かさの感覚は、さまざまな欲求と不平等を大きく制限することから、つまり**節度ある生活を自主的に選択する**ことから生まれる。技術がどれだけ洗練し、設備がどれだけ重要であったとしても、その事実は変わらない。

謝辞

本書の原稿を繰り返し注意深く読み、貴重なコメントを与えてくれた友人のジルベール・リストとマイケル・シングルトンに謝意を表したい。本書に残っているさまざまな不完全さは、筆者ただ一人の責任である。また、編集者のリディア・ブレダにもこの場を借りて御礼を申し上げたい。彼女の伴走がなければ、本書は完成されることがなかっただろう。

解説　労働と脱成長
――気候変動・パンデミック・戦争の狭間で

中野佳裕

はじめに

本書はセルジュ・ラトゥーシュの近著 *Travailler moins, travailler autrement ou ne pas travailler du tout : labeur et décroissance*, Paris, Editions Payot & Rivages, 2021 の全訳である。原題を直訳すると、「より少なく働くか、別の方法で働くか、もしくはまったく働かない――労働と脱成長」となる。

著者は二〇一九年より、環境人文学の良書を手がけるリヴァージュ社より三冊の小著を刊行している。これら三冊は、著者が過去に刊行した著作と比べて幾分か趣を異にする。まず、同時期にパリ大学出版のクセジュ・シリーズから刊行された *La décroissance*, Paris, «Que sais-je?» n°4134, 2019)（邦訳『脱成長』、白水社、文庫クセジュ一〇四〇番、二〇二〇年）が脱成長論の全体像をまとめた総論的入門書であるのに対して、リヴァージュから刊行された三冊はいずれも特殊な問題領域に焦点を当てている。いわば脱成長の各論とも形容されうる内容である。

最初の著作は、『どのように世界を再魔術化するか――脱成長と聖なるもの（未邦訳）』（*Comment réenchanter le monde : la décroissance et le sacré*, Paris, Editions Payot & Rivages, 2019）である。脱成長とスピリチュアリティの関係を考察しており、とくに前ローマ法王ベネディクト十六世の回勅の批判的考察、現ローマ法王フランシスコの消費主義批判と脱成長との関係の検証、アニミズムと詩的想像力の再評価を行なった論考などが収録されている。

二番目は、『生活の技法としての節度ある豊かさ――幸福と食と脱成長（未邦訳）』（*L'abondance frugale comme art de vivre : Bonheur, gastronomie et décroissance*, Paris, Editions Payot & Rivages, 2020）である。脱成長が理想とする「節度ある豊かさ」の具体的形を幸福や食の思想から考察している。西洋近代における非功利主義的な幸福論の再評価（第一章）、GDP指標の限界と非西洋文化圏の幸福論について（第二章）、脱成長とグローバル・フード・システム（第三章）、脱成長とスローフード（第四章）、脱成長と肥満の問題（第五章）、脱成長とごみ問題（第六章）など魅力的な小作品で構成されている。エピローグには、新型コロナウイルス感染症を通して健康、死、エコロジーについて考察する小論が付されている。

そして第三弾が本書である。脱成長運動の最初期からの重要テーマである労働について議論した一冊である。刊行の時期から推察するに、二〇二二年四月に行なわれたフランス大統領選を意識したものと思われる。思想史を専門とする著者には珍しく、現代フランス政治の政策論争に介入した著作である。急いで書いたのであろうか、他の二冊と比べると文体も粗さが目立つ上に、フランス語特有のレトリックや言葉遊びを駆使する割合が多い印象である。全体の構成はエスプリに富んでおり、議論は原題をそのまま反映して「より少なく働く」（第一章）、「別の方法で働く」（第二章）、「まったく働かない」（第三章）の順で進んでいく。

これら三冊に収録されている論考には、過去二十年の間に著者が一般誌や学術誌に寄稿したエッセイや論考を加筆修正して仕上げたものが多い。著者はすでに八十歳を超え、研究者としては第一線を退いているが、自身の思索の軌跡をまとめて広く社会に還元しておきたいという意図もあったのだろう。なかにはオリジナル原稿との時間的隔たりが二〇年近く開いているものもある。加筆修正されたとはいえ、文体に統一性がなかったり、引用文献や統計資料に新旧の濃淡が目立つ箇所があったりする。本書はとくにその傾向が強く、内容的にも現代フランス政治の特殊な背景を知らなければ理解できない文章が多い。それゆえに訳者は当初、本書の翻訳に後ろ向きであった。しかし原書を何度か読むに従い、新型コロナウイルス感染症やテレワークに関する見解、南側諸国の民衆世界の経験からの省察など、著者にしか書けない独自の議論に光るものを感じた。いずれにせよ、労働は脱成長運動にとって避けて通れないトピックであり、今後国際的にも研究と議論が広がっていく可能性が高い。この分野の第一人者である著者の考えを公のものにして、批評や批判の対象にするのは重要であると思い、翻訳を引き受けることにした。

翻訳にはフランス語原書の初版を用いた。原文に忠実に丁寧な訳出を心掛けたが、構文的に入り組んでいる箇所は、関係代名詞や接続詞の前後で訳文を分けた。原文で引用されている文献資料に関して入手可能なものにはすべて目を通し、内容の整合性を確認した。とくに統計資料の単位や数字、引用文献のページ番号に関して、明らかな間違いや誤字・誤植が確認された箇所は、訂正を施した。また、著者が用いる特有の表現、人名、団体名などに関して説明が必要なものは適宜訳注を加えた。読解の手引きとされたい。

本書の基本テーマ

本書で著者は、労働パラダイムの危機以後の社会デザインの一潮流として脱成長を論じている。原題のフランス語に明確に示されている通り、ここで問題となる労働は、隷属的で苦しみをともなう活動を意味する「labeur」である。とくに著者はこの語を現代的な文脈で、つまり資本主義経済における賃労働体制を意味する言葉として用いている。労働パラダイムの危機とは、賃労働体制が尊厳《ディーセント》ある生活を保障する条件ではなくなった一九七〇年代以後の時代を指す。まずは歴史的背景を説明した上で、本書の基本テーマを紹介しよう。

歴史的背景

十七世紀以降、近代西洋社会は労働を中心価値とする社会体制を築いてきた。労働中心主義の思想は産業革命期に誕生した政治経済学パラダイムの要石となり、社会的分業を通じた生産力の増大が富の蓄積を導くという経済発展の思想を生み出した。十九世紀に出現した多様な社会主義の思潮は、経済発展の中身、とくに産業資本主義の支配と搾取の構造を批判したが、労働による生産活動を人間解放の条件とする西洋近代特有の価値観そのものを根本から問うまでには至らなかった。やがて欧州諸国における階級闘争のダイナミズムは、資本主義の転覆よりもその漸次的改良を目指す社会民主主義へと進化し、第二次世界大戦後には福祉国家が誕生する。

第二次世界大戦後の欧州諸国は、戦後復興期におけるケインズ主義マクロ経済政策の影響もあり、高い経済成長が安定的な雇用創出を生み出すという好循環を経験していた。「栄光の三十年」（一九四五―一九七五）と呼ばれるこの時期は、労働者階級にとって有利に働いた歴史的に例外的な時代である。有効需要の創出による完全雇用の実現、生産性の向上に応じた賃金の上昇、週四十時間の法定労働時間の制定、バカンスの権利の獲得などが達成された。労働者階級の生活水準向上とともに消費社会が出現し、大量生産・大量消費・大量廃棄の生活様式のなかでより多く働きより多くを消費することが、豊かな生活にアクセスするための条件とみなされるようになった。

ところが一九七三年の第一次石油危機以降、欧米先進工業国は低成長時代に突入し、高い失業率に悩まされることになる。福祉国家体制の維持が困難になった各国政府は、一九八〇年代に入ると社会を市場原理に委ねて統治する新自由主義政策（ネオリベラリズム）へと舵を切る。新自由主義的な構造改革は、緊縮財政による社会保障の合理化、公共サービスの民営化、労働・金融市場の規制緩和を推し進めたが、その結果、欧州諸国では、社会民主主義の理想の下で獲得してきた社会権が大きく後退し、市民生活の質は悪化した。

本書の著者が生活するフランスは、一九八〇年代初頭の段階においては欧州のなかで新自由主義に抵抗する唯一例外的な国だった。一九八一年に社会党党首から大統領に選出されたミッテラン大統領は、「生活の変革」（Changer la vie）をスローガンに掲げ、労働時間短縮その他の生活の質の向上を政策綱領に盛り込んだ。しかし、ミッテランの推進する社会主義プロジェは、国際競争力の喪失を懸念するフランス企業連合と右派政党の圧力の影響で早々に軌道修正を迫られ、労働市場の規制緩和に道を譲った。以後、フランスでは非正規雇用が増加し、一〇%前後の高い失業率（二五歳以下の若年層に限れば、二〇%前後）は改善されることがないまま、現在に至っている。

一九九〇年代以降のフランス社会を俯瞰すると、労働問題をめぐって政治は迷走を続けている。新自由主義的見地から導入された社会保障改革（一九九五年のジュペ計画）や若者の失業対策（二〇〇六年の初期雇用契約法CPE）をめぐって大規模なストライキが何度も繰り返されている。不法移民（サンパピエ）の権利を求める運動（一九九六年）やパリ郊外暴動事件（二〇〇五年）なども合わせると、社会の底辺には常に不満が鬱積しており、それらが暴動やデモの形で一時的に噴出することはあっても、社会の変革を促す積極的な政治プロジェの構築には至らずに沈静化されている。第一次マクロン政権の燃料税導入に反対する黄色いベスト運動の顚末をみても同様である。この間、労働者階級の声を代弁してきた伝統的な左派政党である社会党の求心力は失墜し、不満の声を拾う新たな極として反移民・反EUの極右政党が支持を集めるようになっている。二〇二二年六月の国民議会選挙では、エコロジーと反資本主義を理念に掲げる新左派連合NUPESが議席を伸ばしたが、議会政治の動向を追いかける限りは、党内の主導権争いに翻弄され、現政権の年金受給開始年齢引き上げ政策に対して統一的な反対運動を展開する以外には積極的な改革を生み出すには至っていないようである。

脱成長と労働──困難で複雑な課題？

著者が二十一世紀に入り提唱した脱成長は、消費社会のグローバル化がもたらしているエコロジー危機を克服するために長期的な文明移行シナリオを構想しているが、その社会変革プログラムのなかには、新自由主義政策によって悪化した不平等や排除などの社会的危機の克服も含まれている。従来、環境正義と社会正義は異なる文脈で議論されてきたが、脱成長論では両者を同時に実現するための社会変革プロジェの条件が模索されている。そのための最初のステップとして、消費社会の価値体系、なかでも経済成長の論理を問い直す必要を著者は主張する。

しかし、フランスの新聞で頻出する表現を用いるならば、地球環境破壊がもたらす「世界の終わり（fin du monde）」を懸念するエコロジストと、給与支払い日である「月末（fin de mois）」を心配する賃労働者の間に連帯的な社会運動を設定することは非常に難しい。前者は長期的な文明移行を見据えた社会変革を提案するが、後者は日々の生活の安定が関心事となる。労働者階級の権利保障を基本使命とする社会民主主義にとって、世界の終わりという破局の回避を目指すエコロジストの変革案は、賃労働者の生活が依存する消費社会のシステムからの脱却――脱消費社会――を主張するので、容易に受け入れられるものではない。

本書第一章を読む限り、フランスにおいてはとくにその傾向が強いようである。フランスの左派運動の主流派（社会主義者）は、近年、エコロジー問題を意識するようになってきているものの、運動の基調としては伝統的な社会民主主義のプログラムにこだわり続けている。その結果、エコロジー危機に真正面から向き合う脱成長運動の提案は、左派運動のなかでも少数派の間に浸透するのみであり、社会民主主義を支持する労働者階級との連携は進まない。

しかし現実には、気候変動が加速化するなかで「世界の終わり」に対する懸念と「月末」に対する心配は、必ずしも対立するものではなくなってきている。世界各地で多発する異常気象は、労働環境の不安定化や労働者の健康を悪化させるリスクを生じさせている。卑近な例としては、二〇二二年の年間を通じて欧州を襲った熱波の影響で、フランスの農業は水不足による食糧生産危機に直面しただけでなく、屋外で活動する労働者の健康リスク（熱射病、皮膚がん等）が増加する可能性も報道された。今や健全な労働環境と働き方を維持するためにも社会のエコロジカルな転換は急務であり、そのためには地球環境破壊を推し進めてきた消費社会の経済システムとその駆動力である経済成長の論理を抜本から問い直すことが必要である。つまり今日必要とされるのは、人間と自然を対立させるのではなく、地球規模の公共性に関わる多くの課題を市場原理に委ねてきた国家と資本に対抗して、人間と自然の間に連帯を構築することにある。この点において、エコロジストの利害と労働者階級の利害は一致する。

脱成長運動の課題としては、両者の間に連帯を構築する社会変革プロジェを、具体的な政策案としてどのように提案するかということが挙げられる。著者の脱成長理論はユートピア思想の影響が強く、過去に刊行された著作においても、その哲学的省察の濃密さと比べて具体的な制度変革や政策案の提示が弱かったことは否めない。しかし労働を扱う本書では、脱成長が目指すエコ社会主義の理想を維持しつつも、そこに至るための道筋に関しては、きわめて現実主義的な戦略を立てている。

その戦略とは、現代フランス政治（そして伏線としては、欧州連合の政治）を支配する新自由主義的政策が進めてきた労働市場の不安定化に対して、旧来の社会民主主義政治が獲得してきた労働者の権利（労働権、生存可能な給与水準など）を守りながら、段階的に賃労働への依存度を弱めていくことで脱成長社会へと移行していくというものである。この改良主義的アプローチは、本書の原題に示されている通り、「より少なく働く」「別の方法で働く」「まったく働かない」の三つの段階を踏まえる。各章はそれぞれの段階に対応しており、労働の脱商品化にともなう様々な課題を検証している。次節では各章の内容の要点を補助線となる背景とともに紹介する。

各章の解題

第一章「より少なく働く」

学術誌『ENTROPIA』第二号「脱成長と労働」特集（二〇〇七年）所収の論文「脱成長、完全雇用、労働中心社会からの脱出」を大幅に加筆修正して完成させたと考えられる。社会民主主義の代表的論客クリストフ・ラモーによる脱成長批判に応答するという構図は同じであるが、二〇二二年四月のフランス大統領選を意識して今日的な状況と政策論争（新型コロナウイルス感染症の影響、エコロジカル・トランジション政策）にも触れている。

この章で議論の対象となるのは「より少なく働く」、つまり労働時間短縮政策がもたらしうる社会変革の範囲と効果である。フランスでは、一九七〇年代から続く高い失業率を改善するために、ジョスパン内閣時代（一九九七〜二〇〇二）にワークシェアリングを目的とした労働時間短縮政策が導入され、法定労働時間は週三九時間から三五時間に短縮された（詳細は、第一章の訳注を参照のこと）。この法案は、一週間の労働時間を労働者側が生活スタイルに応じて自由に編成できるというものでもあり、雇用創出効果だけでなく、生活時間と労働時間のバランスをとる効果ももたらした。[2] 同法案の施行の下で約五〇万人の雇用が創出され、労働者側の満足感も基幹職を中心に高かったという。

しかしまもなくして週三五時間労働法は、フランスの国際競争力と生産性の低下を招く要因だとして企業連合の代表や中道右派の政治家たちから非難される。彼らは反対に「より多く働き、より多く稼ぐ」ことでフランス経済を再活性化させる必要を主張し、新自由主義的な雇用政策によって労働のフレキシブル化を進めようとする（現マクロン大統領は右派でも左派でもない中道主義を主張するが、彼の経済政策の立場はこれに近い）。

では、社会党に代表される中道左派陣営はどうかというと、彼らの政策綱領には労働時間短縮政策が含まれているものの、それだけでは雇用創出効果は限定的であると主張する。本書で著者の論敵として登場する経済学者クリストフ・ラモーの立場がそうである。ラモーによると、フランスの失業者の総数を考慮した時、労働時間短縮とワークシェアリングによる雇用創出効果は規模の点からみて不十分である。したがって彼は、労働時間短縮政策は消費刺激による雇用創出と組み合わさってこそ有効であるとし、ケインズ主義的なマクロ経済政策による強靭な経済成長の必要性を主張する。

右派・左派両陣営ともに生産力至上主義的な対案にこだわるのに対して、本書の著者は第三の道として脱成長を提案している。ただし既述したように、著者の立ち位置は、左派陣営の側に立って中道右派の新自由主義的対案に反対すると同時に、中道左派の社会民主主義的対案を脱成長へと変容させていこうという戦略的立場から議論している。

ラトゥーシュによると、労働時間短縮政策は労働中心社会からの脱却の重要な布石となりうる。なぜならそれは生活における賃労働への依存を減らし、人間としての生きる時間全体を自らの手でどのように編成していくかという問いへと我々を導くからである。しかし、我々の生活の想像力が経済成長パラダイムに囚われている限りは、労働時間短縮はそのラディカルな変革の力を発揮できないであろう。著者は、ある程度の経済成長が雇用維持の安全弁になることを認めつつも（この点において、彼は現実主義者である）、ラモーのように高度成長期の完全雇用を夢見ることを拒否する。脱成長の視座からは、労働時間の短縮と同時に賃労働に依存しない社会活動の領域を増やすことで、豊かな生活を送れるような社会基盤を創出することこそが重要課題となる。

著者はアンドレ・ゴルツの自律社会論に多くの着想を得ながら、労働時間短縮を通じた脱成長社会への移行シナリオを独自に描こうとしている。この章で印象的なのは、過去の著作で導入していた脱成長の八つの再生プログラム（8R）の変奏ともいえる「再ローカリゼーション（relocalisation）」「産業再転換（reconversion）」「労働時間削減（réduction）」の三つのRを軸に移行戦略が議論されている点である。とくに産業再転換の節では、近年欧米諸国で議論が進むグリーン・ディール政策とも共振する、環境に配慮した産業における雇用創出政策を提案している。この雇用創出政策は、消費社会に寄生的な広告産業ならびに環境や市民生活に有害な産業（原子力エネルギー産業、軍事産業）の削減というもう一つの再生プログラム（R）とセットになっている。また、欧州連合のグリーン・ディール政策やフランス政府のエコロジカル・トランジション政策には技術主導的な側面が強いところがあるのに対して、著者はイヴァン・イリイチの思想の流れを汲みながら、自立共生的な道具によるローカルな生活の再組織化を提案している。

第二章「別の方法で働く」

この章では、南側諸国における「開発の失敗」の経験から、先進工業国の労働パラダイムの危機を考察している。「別の方法で働く」とは、今日流行している働き方改革とはまったくニュアンスを異にするもので、市場経済の外で自律的に働くという意味合いである。

著者は二十一世紀に脱成長論を展開するまで、アフリカ研究者の立場から開発と文化の関係を研究していた。脱植民地化後のアジア・アフリカ・ラテンアメリカ諸国では近代化を目指して経済開発政策が導入されたが、その多くは失敗し、都市部に流入した農村の過剰人口は正規の市場経済部門に吸収されることなく、スラムを形成することになった。都市スラムにおける貧困問題は、一九八〇年代に世界銀行と国際通貨基金（IMF）が推進した新自由主義的な構造調整計画の影響によってさらに悪化する。都市スラムの住民は、正規の市場経済の外部で非公式の経済活動を営むことで自らの生存維持を計っていく。いわゆるインフォーマル経済の出現である。

かくして南側諸国の都市郊外にはインフォーマル経済のネットワークが発達し、国によってはその割合は正規の市場経済を凌駕するほどに大きなものとなる。一九七〇年代以降、欧米の開発学ではインフォーマル経済ないしはインフォーマル労働の性質をめぐって二つの異なる学説が対立してきた。第一の学説は近代化論者／自由主義経済学者によるものであり、インフォーマル労働を市場化の移行段階にある活動とみなし、社会の近代化が進展するに従って正規の市場経済に吸収されるものとみなす説である。ペルーの経済学者ヘルナンド・デ・ソートの研究は、その代表である。第二の学説はマルクス主義経済学者によるものであり、インフォーマル労働をグローバル資本主義における搾取労働の一形態とみなし、社会変革的な主体性を認めようとしない立場である。両者は資本主義に対する評価で大きく分かれるが、インフォーマルな経済活動の自律性や独自性を認めない点では共通している。

両者とは異なる第三の立場を採用するのがラトゥーシュである。セネガルの都市ダカールやカメルーンの都市ドゥアラの郊外に広がるインフォーマル労働を研究してきた彼は、これらインフォーマルな活動が欧米の経済学者が認めるような市場経済や資本主義に従属する活動ではなく、それ自体が自律した独自の社会空間を生み出していると主張する。なぜならこれら都市郊外のインフォーマル労働は、彼らが帰属する家族や部族の拡張的な社会関係資本を複雑に組み合わせながら、独自の贈与経済を発展させることで開発の失敗を乗り越えていたからである。著者に言わしめれば、西アフリカ諸国の都市郊外の住民が独自に展開するこの生存戦略は、もはや西洋近代的な意味での「経済」でも「労働」でもない。市場社会のパラダイムの外にある「他者」である。一九九〇年代に著した二冊の著作『遭難者たちの惑星——脱開発について（未邦訳）』[3]（一九九一）と『他のアフリカ——贈与と市場の狭間で（未邦訳）』（一九九八）のなかで、著者は西アフリカのインフォーマル経済に広がる自律的な贈与経済を、「脱開発」の実践として評価する。

この章で著者が試みるのは、E・W・サイードがかつて提唱した歴史の「対位法的読解（contrapuntal reading）」[5]に通じるアプローチである。つまり南側諸国の経験から北側諸国の現実を逆照射することで、労働パラダイムの危機を克服する道をグローバル・ヒストリーの文脈から検証する認識空間を設定していこうというものである。この視座の下では、開発の失敗を非市場の活動を通じて乗り越えるアフリカのインフォーマル経済実践は、北側諸国が学ぶべき脱成長の先進的事例（あるいはそのヒント）として積極的に評価される。

では北側諸国はどうだろうか。著者は、新自由主義的な経済改革により北側諸国においても労働市場が不安定化し、正規の市場経済のインフォーマル化、その結果として労働のフレキシブル化が進行していることを認める。そして市場経済から排除された人々の生存を維持するためのさまざまな活動が、協同組合や連帯経済などのアソシエーション運動を通じて広がっていること、またオルタナティブなライフスタイルを求める田園回帰運動が存在することも認めている。しかし一方で、これら排除された人々の活動が、一九四〇〜七〇年代に存在した反資本主義的な自律自治共同体を創るプロジェのようなダイナミズムをもちえない可能性が高いという冷静な判断も下している。

フランスの社会史を辿りながら著者は、フランスにかつて存在した／今も残るさまざまなインフォーマル労働に言及する。最終的にその眼差しは、十九世紀半ばの第二帝政期パリに生きた最下層労働者の無政府主義運動「シュブリミズム（Sublimisme）」に向けられる。当時のパリの労働運動のなかでも、協同組合運動は教養あるエリート労働者たちによって組織されたのに対して、シュブリミズムは最下層の労働者たちによって実践された。[6] 自らを「神に祝福された崇高な者（シュブリーム）」と呼び、資本家である工場経営者に妥協せずに自由を謳歌するこれらアナーキスト労働者たちに、著者は賃労働からの脱却という理想社会の原型を見出している。

第三章「まったく働かない」

この章では、労働の終焉をめぐる二つのシナリオを対置させながら議論が進む。一つ目のシナリオは技術進歩による労働の終焉という説である。もう一つのシナリオは、脱経済パラダイムによる労働の隷属的性格の消滅である。著者は後者の立場から前者を批判的に検討している。

技術が人間を自由にするという思想は、西洋の歴史においてはアリストテレスの時代から存在していた。この思想は、近代合理主義の幕開けとなる十七世紀には科学技術による自然の制御および人間の限界の超越という思想へと進化し、十九世紀の産業革命期には経済発展の思想に組み込まれることになる。経済発展パラダイムは、技術の際限なき進歩が際限のない経済成長を生み出すという技術至上主義と生産力至上主義に支えられている。

著者は過去に『メガ・マシン——経済理性、テクノサイエンスの理性、進歩の神話（未邦訳）』[7]（一九九五）や『経済理性の非理性——効率性の妄想から予防原則へ（未邦訳）』[8]（二〇〇一）などの著作において、経済開発における現代科学技術の拡張的応用がもたらす生態学的・人類学的リスクについて研究してきたが、この章における議論もその流れを汲むものとして読むことができる。

著者は、西洋思想史において技術至上主義がいかに強いかをさまざまな思想家に言及しながら論じている。科学技術と産業資本主義の発展を無批判に称えていたのは啓蒙主義者だけではない。資本主義の急進的な批判者であったマルクスも同様だった。さらに著者は、脱成長の先駆者として評価されているアンドレ・ゴルツやジャック・エリュールの思想に対しても、技術至上主義的な考えが残存しているとして批判を加えている。[9]

その上で著者が論駁の相手として選ぶのは、米国の経済学者ジェレミー・リフキンである。リフキンは、一九九〇年代に刊行された『大失業時代』において、ロボットの普及による賃労働の消滅というシナリオを展開し、大きな反響を引き起こした。彼の一貫した理論的仮説は、技術の進歩が資本主義文明の転換を導くというものである。近年リフキンは「モノのインターネット（ＩｏＴ）」に代表される情報技術や３Ｄプリンターなどのアディティブ・マニュファクチャリング技術に注目し、これら限界費用ゼロの分権ネットワーク型技術を活用して資源節約的な共有型経済をローカル・コミュニティで構築していけば、資本主義経済はその内部からポスト資本主義経済へと移行することになると主張している。[10] 彼の最新の研究は「グローバル・グリーン・ディール政策」の構想であり、これら限界費用ゼロ技術を社会インフラとして整備する大胆な公共投資を通じて、環境負荷を低減する産業（再エネ事業、スマート農業、エコ建築など）における大規模な雇用創出と気候変動対策を加速化させることが可能だと主張する。[11]

技術の進歩、とくに人工知能その他の「スマート技術」の活用を通じた持続可能性の実現あるいは資本主義からの脱出という言説は、持続可能な開発目標（ＳＤＧｓ）やポスト資本主義をめぐる社会デザイン研究のなかでは年々主流となっている。[12] しかしラトゥーシュは、この種の楽観的言説には懐疑的である。彼は近年のテレワークの流行を例に挙げて説明するが、この点は興味深い。国際政治経済学の観点から見ると、テレワークの普及には巨大なインフラ技術網が必要であり、その生産に必要なレアメタルなどの資源を得るために途上国の人々に搾取労働を強いている。また、テレワークによる在宅勤務は一見、労働者に自由を与えるように見えるが、歴史的に俯瞰してみるならば、産業革命黎明期に流行した問屋制家内工業と同様の搾取労働の構造を有しているという。

本書の第一章では、電気自動車の事例に触れながら同様の問題が論じられている。これらの考察を通じて著者が主張したいのは、消費社会の構造の抜本的な変革がないまま技術的な代替を追求しても、それは資源搾取や搾取的労働の対象をある資源／労働から別の資源／労働へと移し替えていくだけであるということである。脱成長の観点からは、グローバルなサプライチェーンのなかで増大する中間消費（輸送、包装にかかる資源消費）を削減することこそ優先すべきである（それゆえに、経済の再ローカル化が重要な意味を帯びてくる）。

テレワーク批判に続いて、著者はベーシック・インカムにも触れている。ベーシック・インカムの議論も一九八〇年代から存在するが、その政策案はどのような社会哲学に基づくかによって大きく変わる。国際的な議論としては、新自由主義者のミルトン・フリードマンや自由社会主義者のフィリップ・ヴァン・パレーズの理論がよく知られているが、本書で著者は、研究仲間である社会学者アラン・カイエの「市民権所得」論を中心に紹介している。市民権所得とは、フランスの最低所得補償制度（ＲＭＩ）を発展させたものであり、給付される所得水準は尊厳ある市民生活を送るに足る水準である。

またそれは、富裕層に対する所得上限制度と組み合わせてこそ効果を発揮する。つまりより公正で平等な社会を構築するという理想の下でベーシック・インカム制度は設計されねばならない。

さらに著者は、イタリアやフランスの脱成長運動の中で提案されている自律自治のためのベーシック・インカムについても考察を加えている。これは、地域に貢献する市民活動への参加を条件に無償のベーシック・インカムを給付するというものである。著者は脱成長派の多くが賛同するこの案の重要性を認めるが、同時に「条件つきの無条件ベーシック・インカム」「制限付きの自由」と半ば皮肉をこめた評価も加えており、一定の保留を置いているかのようにも見える。実際のところ、ベーシック・インカムに対する著者の立場は曖昧であり、それゆえにこの箇所の議論はわかりにくいものとなっている。ただ、ベーシック・インカムのアイデアに理解を示し、既存の体制の下では議会政治ゲームの戦術となりうるという認識を示していることから、より限定的で現実主義的な立場を保持していると言えるだろう。むしろ著者は、脱成長プロジェクトで最も重要なことは、ベーシック・インカムそのものよりも、労働の脱商品化にあると主張する。グローバル経済の構造分析や制度変革の実現可能性に関しては現実主義的である一方で、脱成長の理念になるとユートピア的になる点が、この章の議論の展開のわかりにくさとなっているのかもしれない。

感想と批評
──むすびに代えて

本書の内容を概観したところで、訳者なりの感想と批評を少し述べてこの解説を締めくくりたい。

長年この分野の専門研究を行なっている訳者がこのように述べるのは奇妙に思えるかもしれないが、本書で共感を覚えるのは、著者が昨今の国際社会の情勢やフランスの政治状況を見きわめながら、現実主義的な立場から脱成長プロジェを議論しようと努めている点である。とくに脱成長の提唱者である著者が、他の脱成長派の主張（コロナ禍の展望、経済成長と雇用創出の関係、ベーシック・インカム）に対して現実味や分析に欠けるとして批判を加えている点は、研究者のとるべき態度として好ましく思う。

金融危機やパンデミックなどの危機の際には脱成長への注目が集まり、メディアや論壇などでは盛んに議論が行なわれる傾向がある。今回の新型コロナウイルス感染症の流行時でも、欧州ではロックダウン下に起こった経済活動停止や産直提携運動の広がりなどから、一部の脱成長派の活動家や研究者のなかには、脱成長社会への移行を過度に期待する者もいた。彼らの楽観的展望を、著者は「自分たちの願望を現実に重ねているに過ぎない」と退け、パンデミック後に強力な形で生産力至上主義的な経済活動の再加速化が起こりうることを指摘している。

著者の予測は、二〇二二年二月に始まったロシアによるウクライナ侵攻によって一層現実味を帯びている。欧州連合は対ロシア経済封鎖の一環でロシアからの一次資源輸入を禁止した。燃料・食料価格を始めとする物価高騰が起こり、冬場には燃料・電気の配給制が実施されるなど、市民生活と企業活動の双方に大きな影響が出ている。物価高騰に賃金上昇が追いつかず、フランスや英国などでは労働者のストライキが広がった（フランスの場合、これに続いて年金受給開始年齢引き上げ法案に対する大規模デモが起こっている）。それだけではない。同年に欧州を襲った観測史上最悪の熱波による水不足や山火事の発生は、域内の農業生産と生物多様性に大きな損害を与えている。

パンデミック、戦争、気候変動の三重奏によって深まる生活の危機は、グローバル・サプライ・チェーンと化石燃料に依存する先進国の生活様式の構造的脆弱性を開示するものであり、その意味において著者が提案する経済の再ローカリゼーションは理論的には一定の有効性を持っていると言えるだろう。しかし、現実はそう単純ではない。フランスの新聞メディアを連日追いかけていると、戦争と気候変動の影響で生じた食料・エネルギー危機に対応するために、欧州連合のなかでは原発回帰の声や次世代遺伝子組み換え技術等を活用する人工食物の開発推進を求める声が、産業ロビー団体を中心に再活性化している。とくに原発政策に関して、フランス政府は域内の原発推進国と連携してそのプレゼンスを高めようとしている。欧州連合が推進するグリーン・ディール政策は、二〇三〇年までに有機農業や再生可能エネルギーの割合を大幅に増加させる計画を示す一方で、デジタル経済を主軸とした経済成長も目指している。今日の地政学的状況のなかでは、脱成長的な変革プログラムよりもむしろ、旧来的なエネルギー政策と新技術を融合させた生産力至上主義的な政策の方が優位に働くのではないだろうか。

それゆえに訳者としては、国際関係の地政学的力学や国内の政治経済体制の批判的分析を通じた地に足の着いた移行シナリオの研究を脱成長論に求めていきたい。また、ベーシック・インカムなどの公共政策をめぐる議論は、各国の政治体制や社会保障制度の経路依存性を考慮した比較政治学的観点からの検討が必要である[13]。

最後に、労働問題は階級問題であると同時に、植民地主義支配、人種差別、ジェンダー差別、障がい者差別などの重層的な排除と差別の問題が関わることを忘れてはならない。新自由主義政策がもたらす労働の不安定化は、労働者一人一人が置かれている階級・エスニシティ・文化・ジェンダーなどの属性に応じて複雑なケーパビリティ剝奪状態を生み出す。脱成長が目指す環境正義と社会正義の接合は、これら重層的な支配と差別の構造を是正し、社会の分断を乗り越える方法を提示するものでなくてはならないだろう。脱成長研究には、階級・人種・ジェンダー等を交差させる横断分析を通じた社会変革や公共政策の議論が必要である。

これらの点は、すでに国際的な脱成長研究のなかでも意識されるようになっている。例えば英語圏の最新の研究書の一つでは、脱成長研究の課題として①消費社会における階級格差・人種差別の批判的分析、②帝国主義や軍事化など国際関係における地政学的次元の分析、③デジタル経済が社会生活や南北問題に与える影響の分析、④脱成長社会に移行するための公共政策を民主的に計画化する仕組みの考察の四点が提示されている[14]。いずれも重要な課題であり、訳者自身もこれらの提案には賛成している。いずれにせよ、本書で素描されているような脱労働中心社会というユートピアへ向かうためには、現代世界の地政学的・制度的力学や社会組織ネットワークの動態の批判的分析のなかからその可能性を模索する必要がある。本書で著者はその現実主義的な眼差しの一端を見せているとはいえ、訳者から見るとまだ不十分である。次世代の脱成長研究がなすべき課題はそこにあると言える。

1　Serge Latouche, « La décroissance, plein emploi, et sortir de la société travailliste », *ENTROPIA : Revue d'étude théorique et politique de la décroissance*, No. 2, Décroissance & travail, 2007.

2　詳細は、清水耕一著『労働時間の政治経済学――フランスにおけるワークシェアリングの試み』（名古屋大学出版会、二〇一〇年）を参照されたい。二〇〇〇年から運用が始まった週三五時間労働法では、週三五時間の法定労働時間をどのように編成するかは、労働者が決められる。例えば、毎日七時間の勤務を週五日間続けてもよければ、月曜～木曜まで八時間労働を行ない、金曜日は午前中だけ三時間働き、週末の休暇を長くとるということもできる。また、子供を保育園や小学校に送りたい親は、出勤時間を午前一〇時にずらしてそこから七時間労働を行なうということもできる。

3　Serge Latouche, *La planète des naufragés*, Paris, La Découverte, 1991

4　Serge Latouche, *L'autre Afrique entre don et marché*, Paris, Albin Michel, 1998.

5　Edward W. Said, *Culture and Imperialism*, London: Vintage, 1994.

6　シュブリミズムが歴史の舞台に躍り出た第二帝政期パリ民衆世界と当時の労働者階級内部の階層構造については、木下賢一著『第二帝政とパリ民衆の世界——「進歩」と「伝統」のはざまで』（山川出版社、二〇〇〇年）を参考にされたい。

7　Serge Latouche, *La Mégamachine, raison économique, raison technoscientifique, et le myth du progrès*, Paris, La Découverte, 1995.

8　Serge Latouche, *La déraison de la raison économique : Du délire d'efficacité au principe de la précaution*, Paris, Albin Michel, 2001.

9　脱成長の先駆者のなかで技術の進歩という考えに対して徹底的に批判的であったのは、イヴァン・イリイチである。イリイチは技術の際限のない進歩よりも、人間の共同性や身体感覚と調和する自立共生的な道具がコモンズ再生に果たす役割を信じていた。自立共生的な道具は単線的な進歩という基準からではなく、文化や風土の多様性のなかでの選択として考えられている。また、晩年のイリイチは、先端技術を自主的に放棄することで人間の自律性を回復する「技術の断念／技術に対する禁欲主義」の重要性も認めていた。詳細は、セルジュ・ラトゥーシュ『〈脱成長〉は、世界を変えられるか？　贈与・幸福・自律の新たな社会へ』（拙訳、作品社、二〇一三年）所収の第四章「〈脱成長〉思想の先駆者たち——イリイチ、デュピュイ」を参照されたい。

10　ジェレミー・リフキン『限界費用ゼロ社会——〈モノのインターネット〉と共有型経済の台頭』柴田裕之訳、ＮＨＫ出版、二〇一五年。

11　ジェレミー・リフキン『グローバル・グリーン・ニューディール——二〇二八年までに化石燃料文明は崩壊、大胆な経済プランが地球上の生命を救う』幾島幸子訳、ＮＨＫ出版、二〇二〇年。

12　関連するすべての文献をレビューすることはできないが、国連の持続可能な開発目標や欧州グリーン・ディール政策における人工知能その他のスマート技術の主流化については、拙著「人新世とＡＩの時代における脱成長」総合人間学会編『総合人間学16　人新世とＡＩの時代における人間と社会を問う』（本の泉社、二〇二二年、四〇―七〇頁）を参照されたい。

13　比較政治学の観点の重要性は、新川敏光『政治学——概念・理論・歴史』（ミネルヴァ書房、二〇二二年）から多くを学んだ。脱成長の諸々の提案も、自由主義に基づく米国、社会民主主義の北欧諸国、家族主義が強い南欧諸国や日本では、異なる課題や可能性と向き合わなければならないだろう。

14　Matthias Schmelzer, Andrea Vetter, and Aaron Vansintjan, *The Future is Degrowth: A Guide to a World Beyond Capitalism*, London: Verso, 2022, pp. 289-296.

⊙本訳書制作にあたって、日本学術振興会（JSPS）の科学研究費「惑星的な課題とローカルな変革」（課題番号 20H00047）の支援を受けた。

訳者あとがき

身近な家族に勤め人がいなかった私にとって、賃労働をテーマにした本書の翻訳は骨の折れる作業だった。江戸時代から続く和菓子屋の七代目として生まれた私は、十代の頃までは後継ぎとして育てられた。幼少の頃から築一七〇年の商家の家屋で生活し、代々引き継がれた道具で菓子作りに励む父の姿や店頭で算盤を弾く祖母の姿を見て働く姿を学んだ。和菓子作りの仕事も道具も、地域の中の家業＝家族の歴史の中で意味を与えられていて、働くということはその歴史を日々の行為の中で継承することだった。

身についた習慣やモノの見方は簡単に捨て去れるものではない。家業を継がないことが決まり、賃労働の世界に飛び込まなければならなかったが、勤め人になる自分をイメージできずに糸の切れた凧のようにふらふらと生きていた時期もあった。何を試すにも家業とその暮らしが浮かんできた。悩んだ挙句、職人的な仕事である研究者の道を選んだ。

学位取得後一〇年間は不安定な非常勤職で食いつなぎ、その合間に無職になったこともある。新自由主義化した労働の問題は痛いほどわかる。短期の不安定雇用をいくつも兼務しながらの生活では、長期的な人生設計や仕事の計画を立てることができない。賃金水準や権利に関して常勤職との格差が存在する職場では、働くことに誇りや意味を見出すことはできない。労働の脱商品化は魅力的なテーマだ。産業転換や雇用創出も重要だ。

そうわかっていても、どこかで納得できない自分もいる。「人はそう簡単に、政策や理論の正しさに従って職業を変えることができるのだろうか」と。私にとって働くという行為は、何世代も続く家業＝家族の歴史から離れては想像できないものだ。子供の頃から身につけた商家の子としての作法や習慣は抜けないし、故郷の風土や寺社との結びつきも捨てられない。論文を書くとき、常に指先から菓子作りの道具と身体が演出する技術の型が思い出される。職業を変えても、家業の歴史に相応しい生き方をしているだろうかと自問自答しながら生きている。

著者は労働の脱商品化を主張する。確かに魅力的だけど、政策や革命によって達成されるとは思えない。真の意味での労働の変容は、自己の歴史が抱える複雑な物語をゆっくり解きほぐすなかで、内発的に現れるのではないかと思う。脱成長の労働論に足りないのは、心の深層におけるトランジョン（inner-transition）ではないだろうか。

勤め人になって生じたこの喪失感は、一生消え去らないものだと思っている。私の身体に刻まれた欠如の感覚は、どのようなユートピア思想でも満たされることはないのかもしれない。

訳者識す

謝辞

本書の制作において、元明治学院大学教授の勝俣誠先生に西アフリカのインフォーマル経済の訳語について、愛知学院大学の関根佳恵先生に農業関連の訳語に関して助言を頂いた。この場を借りて御礼を申し上げたい。また大幅に遅れた原稿の完成を辛抱強く待ってくださった白水社編集部の和久田頼男さんに、厚く感謝申し上げる。

脱成長

セルジュ・ラトゥーシュ

中野佳裕 訳

二一世紀にフランスから世界へと普及した脱成長運動。本書は最新の議論を踏まえながら、その歴史的背景、理論的射程、課題を解説。『人新世の「資本論」』の斎藤幸平氏推薦！

訳者略歴

中野佳裕［なかの・よしひろ］
PhD（英サセックス大学）。専門は社会哲学、グローバル・スタディーズ、社会デザイン学。
立教大学21世紀社会デザイン研究科特任准教授。
単著に『カタツムリの知恵と脱成長——貧しさと豊かさについての変奏曲』（コモンズ、2017年）、共編著に『21世紀の豊かさ——経済を変え、真の民主主義を創るために』（コモンズ、2016年）など。訳書にセルジュ・ラトゥーシュ著『脱成長』（白水社文庫クセジュ、2020年）、ステファーノ・バルトリーニ著『幸せのマニフェスト——消費社会から関係の豊かな社会へ』（コモンズ、2018年）、セルジュ・ラトゥーシュ著『〈脱成長〉は、世界を変えられるか？——贈与・幸福・自律の新たな社会へ』（作品社、2013年）、ジャン＝ルイ・ラヴィル編『連帯経済——その国際的射程』（北島健一・鈴木岳との共訳、生活書院、2012年）、セルジュ・ラトゥーシュ著『経済成長なき社会発展は可能か？——〈脱成長〉と〈ポスト開発〉の経済学』（作品社、2010年）など。

脱成長がもたらす働き方の改革

2023年11月15日　印刷
2023年12月10日　発行

著　者　セルジュ・ラトゥーシュ
訳　者© 中野佳裕
発行者　岩堀雅己
発行所　株式会社白水社
電話　03-3291-7811（営業部）7821（編集部）
住所　〒101-0052 東京都千代田区神田小川町3-24
www.hakusuisha.co.jp
振替　00190-5-33228
編集　和久田頼男（白水社）
装丁　奥定泰之
印刷　株式会社三陽社
製本　株式会社松岳社

乱丁・落丁本は送料小社負担にてお取り替えいたします。

ISBN978-4-560-09476-1
Printed in Japan

註記

〔原註〕

〔1〕　ニーチェ『ニーチェ全集 第一期第九巻　曙光――道徳的偏見についての考察』氷上英廣訳、白水社、1980年、205頁。

〔2〕　「米国やニュージーランドのように労働組合が存在しない国がある。これらの国では労働を商品化することに成功した。完全雇用と経済成長に関してこれらの国の人々が得た結果を見ると、労働の商品化はばかげたことではない」（ル・モンド紙1999年9月5、6日付）。この発言は、米国で刑務所に収監されている人口の大きさを考えただけでも疑う余地はあるが、そうかもしれない。

〔3〕　ウィム・コック氏の発言。Christophe Ramaux, *Emploi : éloge de la stabilité. L'Etat sociale contre la flexicurité*, Paris, Mille et une nuits, 2006, p. 89より引用。

〔4〕　1988年に創設されたRMI給付額は法定最低賃金額（SMIC）の半分に等しい。その後2009年に活動的連帯所得手当（RSA）となり、社会への再参入〔再雇用〕を求めていることを条件に失業者に支給される。

〔5〕　下記の著作を参照されたい。アンドレ・ゴルツ『労働のメタモルフォーズ　働くことの意味を求めて――経済的理性批判』（真下俊樹訳、緑風出版、1997年）（André Gorz, *Métamorphoses du travail. Quête de sens. Critique de la raison économique*, Paris, Galilée, 1988）。ジェレミー・リフキン『大失業時代』（松浦雅之訳、TBSブリタニカ、1996年）（Jeremy Rifkin, *La fin du travail*, Paris, La Découverte, 1996）。書名は同じだが視座は大きく異なる書籍としては、アレクシス・シャッサーニュとガストン・モントラシェールの『労働の終焉』（未邦訳）（Alexis Chassagne et Gaston Montracher, *La fin du travail*, Paris, Stock, 1978）。ドミニク・メダ『労働――消滅途上の価値』（未邦訳）（Dominique Méda, *Le Travail. Une Valeur en voie de disparition*, Paris, Flammarion, 1995）。ジャック・ロバン『労働が脱工業化社会を去るとき』（未邦訳）（Jacques Robin, *Quand le travail quitte la société post-industrielle*, Paris, GRIT éditeur, 1994）。

〔6〕　Pierre Carles, *Attention danger travail*. クリストフ・コエロ、ステファヌ・ゴックスとの共同制作で2003年に公開。

〔7〕　David Graeber, *Bullshit jobs*, Paris, Les Liens qui libèrent, 2018.（邦訳：デヴィッド・グレーバー『ブルシット・ジョブ――クソどうでもいい仕事の理論』酒井隆史、芳賀達彦、森田和樹訳、岩波書店、2020年）

〔8〕 André Gorz, *Capitalisme, socialisme, écologie. Désorientations. Orientations*, Paris, Galilée, 1991, p. 167.（邦訳：アンドレ・ゴルツ『資本主義、社会主義、エコロジー』杉村裕史訳、新評論、1993 年、160 頁）

〔9〕 Upton Sinclair, *La jungle* (1905), Paris, Le Livre de poche, 2011.（邦訳：アプトン・シンクレア『ジャングル』大井浩二訳・解説、松柏社、2009 年）

〔10〕 例えば、『左派を勝たせるための勇気』という名で出版された、マルチーヌ・オーブリー、ジャック・ラング、ドミニク・ストロース゠カーンの連名による「積極介入主義的かつ進歩主義的な政策」の概要を見るとよい（ル・モンド紙 2004 年 12 月 6 日付）。フランソワ・オランドの掲げる社会自由主義は、今日の左派の一部に影響力をもっているが、この政策案のオペレーションシステムに今もなお拠って立っている。

〔11〕 André Gorz, *Capitalisme, socialisme, écologie. Désorientations. Orientations*, Paris, Galilée, 1991, pp. 151-152.（邦訳：アンドレ・ゴルツ『資本主義、社会主義、エコロジー』杉村裕史訳、新評論、1993 年、144 頁）

〔12〕 André Gorz, *Capitalisme, socialisme, écologie. Désorientations. Orientations*, Paris, Galilée, 1991, p. 83.（邦訳：アンドレ・ゴルツ『資本主義、社会主義、エコロジー』杉村裕史訳、新評論、1993 年、78 頁）

〔13〕 André Gorz, *Capitalisme, socialisme, écologie. Désorientations. Orientations*, Paris, Galilée, 1991, p. 91.（邦訳：アンドレ・ゴルツ『資本主義、社会主義、エコロジー』杉村裕史訳、新評論、1993 年、85 頁）

〔14〕 ポール・アリーズは正しく次のように述べている。「ジャン゠マリー・アリベは、基本的に次の 4 つの点に関して脱成長派を非難している。資本主義から抜け出さずに縮小しようとしている、際限なく縮小しようとしている、資本主義以外の経済体制が可能だと考えていない、完全雇用の展望を諦めている」（Paul Ariès, *Décroissance ou barbarie*, Lyon, Golias, 2005, p. 87）。

〔15〕 ピエール゠アントワーヌ・デルオメは、「脱成長の教理をその通りに〔…〕富裕なガキどもの自己中心的な思いつきだと受け取らねばならない」と述べている。（ル・モンド紙 2006 年 7 月 30 日付）

〔16〕 2006 年 6 月 22 日付の『Politis』に収録されたクリストフ・ラモーの記事「労働時間短縮にあまり期待してはならない（Ne pas trop attendre du la RTT）」および彼の著作 *Emploi: éloge de la stabilité. L'Etat social contre la fléxicurité, op. cit.* を参照のこと。

〔17〕 'We cannot solve the environmental crisis without solving social problems.' Vincent Gerver et Foréal Romero, *Murray Bookchin, pour une écologie sociale et radicale*, Paris, Le Passager clandestine, coll. Les précurseurs de la décroissance, 2014 を参照されたい。

〔18〕 この段落は、Jean-Luc Pasquinet, *La relocalisation*, Paris, Libre et solidaire, 2015 に寄稿した小生の序文の要約である。

〔19〕 Serge Latouche, *Survivre au développement*, Paris, Mille et une nuits, 2004（邦訳：セルジュ・ラトゥーシュ『経済成長なき社会発展は可能か？ 〈脱成長〉と

〈ポスト開発〉の経済学』中野佳裕訳、作品社、2010 年、第一部に全訳を所収）. La ligne d'horizon, *Défaire le développement, refaire le monde*, Paris, Parangon, 2003.

〔20〕 Yves Cochet, *Pétrole apocalypse*, Paris, Fayard, 2005, p. 140.

〔21〕 Renaud Garcia, *Alexandre Chayanov, pour un socialisme paysan*, Paris, Le Passager clandestin, coll. « Les précurseurs de la décroissance », 2017 を参照されたい。

〔22〕 Mauro Bonaïuti, *Roegen, la sfida dell'entropia*, Milan, Jacabook, coll. « I precursori della decrescita», 2017 を参照されたい。

〔23〕 Ingmar Granstedt, *Du chômage à l'autonomie conviviale* (1982), Lyon, À plus d'un titre, coll. « La Ligne d'horizon», 2007, p. 52 et 56.

〔24〕 Ibid., p. 70. アンドレ・ゴルツは最晩年に似たようなアイデアを発展させていた。ゴルツの論文 « Crise mondiale,décroissance et sortie du capitalisme », *Entropia*, no 2, 1er semestre 2007 を読まれたい。

〔25〕 Christian Jacquiau, *Les Coulisses du commerce équitable*, Paris, Mille et Une Nuits, 2006. フレンズ・オブ・アースによると、英国でスーパーマーケットが 1 店舗ほど開業すると、半径 11 キロメートル圏内の小規模ビジネスの閉店にともない 276 人の雇用が失われる。フランス国家統計局（INSEE）によると、（1960 年代末に）フランスでスーパーマーケットが登場したことにより、パン屋の 17%（1 万 7800 店舗）、食料品店の 84%（7 万 3800 店舗）、金物屋の 43%（4300 店舗）が廃業した。

〔26〕 Bernard Lietaer, « Des monnaies pour les communautés et les régions biogéographiques : un outil décisif pour la redynamisation régionale au xxie siècle », in Jérôme Blanc, *Exclusion et liens financiers, monnaies sociales, rapport 2005-2006*, Economica, p. 76.

〔27〕 この点に関して、拙著『際限のない正義』（未邦訳）（Serge Latouche, *Justice sans limites*, Paris, Fayard, 2003）の最終章「経済からの脱出、そして貨幣と市場の再領有化」を読まれたい。

〔28〕 Aristote, *Ethique à Nicomaque*, IX, 10, 1170 b.（アリストテレス『ニコマコス倫理学（下）』高田三郎訳、岩波文庫、1973 年、183 頁）。

〔29〕 Olivier Rey, *Une question de taille*, Paris, Stock, 2014, p. 176 から引用。

〔30〕 Olivier Rey, *ibid.*, p. 180 から引用。

〔31〕 Alberto Magnaghi, *Il progetto locale*,Turin, Bollati Boringhieri, 2010. フランス語版 (Mardaga, 2003), p. 100 から引用 . Vincent Gerber et Floréal Romero, *Murray Bookchin, op. cit*. も参照されたい。

〔32〕 Alberto Magnaghi, *Le projet local, op. cit.*, p. 38.

〔33〕 Yves Cochet, *Pétrole apocalypse, op. cit.*, p. 224.

〔34〕 Arnaud Montebourg, *Votez pour la démondialisation! La République plus forte que la mondialisation*, Paris, Flammarion, 2011.

〔35〕 リチャード・ハインバーグによると、米国では「専業農家人口があまりに少な

いので、2000 年の国勢調査はこのカテゴリーを職業リストに含めなかった」(Richard Heinberg, *Pétrole, la fête est finie. Avenir des sociétés indusrielles après le pic pétrolier*, Paris, Demi-Lune, coll. « Résistances », 2009, p. 250)。

〔36〕 Yve Cohet, *Pétrole apocalypse, op. cit.*, p. 192 et 139.「平均的なガソリンエンジンは、1 リットルの燃料（1 万キロカロリー）を 2.3kWh の機械エネルギーに変換し、コンクリートミキサーや車のクランク軸を稼働させる。それは、平均的な人間の肉体労働の 4 日分以上のエネルギーに相当する」(p. 91)。

〔37〕 Pascal Canfin, *L'économie verte expliquée à ceux qui n'y croient pas*, Paris, Les Petits matins, 2016, p. 19.

〔38〕 Commission européenne, *Livre vert sur l'efficacité énergétique*, juin 2005.

〔39〕 Hélène Tordjman, *La croissance verte contre la nature. Critique de l'idéologie marchande*, Paris, La Découverte, 2021 を参照のこと。

〔40〕 Pierre Carles, *Gébé, on arrête tout, on réfléchit*. ゲベと彼の連載漫画「０１年」〔＊ 1970 ～ 72 年に『シャルリ・エブド』に掲載〕、そしてジャック・ドワイヨンによるその映画化〔＊ 1973 年公開〕に捧げられた映画である。

〔41〕 Gérard Dubey et Alain Gras, *La servitude électrique*, Paris, Seuil, 2021.

〔42〕 マウリツィオ・パランテによる提案である。Maurizio Pallante, *Un futuro senza luce ?*, Rome, Editori riuniti, 2004, avec une introduction de Beppe Grillo を参照されたい。

〔43〕 Christophe Ramaux, *Emploi : éloge de la stabilité. L'État social contre la flexicurité*, op. cit., p. 218.

〔44〕 *Ibid.*, p. 11.

〔45〕 *Ibid.*, p. 181.

〔46〕 *Ibid.*, p. 119.

〔47〕 *Ibid.*, p. 188.

〔48〕 Vincent et Denis Cheynet, « La décroissance pour l'emploi », *La décroissance*, n° 3, juillet 2004.

〔49〕 Marshall Sahlins, *Âge de pierre, âge d'abondance*, Paris, Gallimard, 1976.（邦訳：マーシャル・サーリンズ『石器時代の経済学』山内昶訳、法政大学出版局、1984 年）。『神々は頭がおかしい』は南アフリカ共和国のジェイミー・ユイス作の映画（ボツワナ、南アフリカ共和国合作）で、1980 年に公開された。

〔50〕 André Gorz, *Capitalisme, socialisme, écologie. Déorientations*. Orientations, op.cit., p. 179.（アンドレ・ゴルツ『資本主義、社会主義、エコロジー』前掲書、172 頁）

〔51〕 この点についてイヴァン・イリイチはわかりやすい例を紹介している。「石器時代の 2 つの石臼の間に十分に刻み目をつけたボールベアリングをはめると、今日の先住民は祖先たちが 1 週間かかって碾いたものを 1 日で碾くことができるであろう」。(*Energie et équité in Œuvres complètes, vol. 1*, Paris, Fayard, 2004, p. 419.)（邦訳：イヴァン・イリッチ『エネルギーと公正』大久保直幹訳、晶文社、1979 年、54 頁。＊フランス語版に合わせて訳を一部修正）

〔52〕 この点に関して、筆者の「8つの再生プログラム（8R)」を参照されたい。穏やかで、自立共生的で、持続可能な脱成長の好循環を推進するとされるこれら相互依存的な8つの目標は､「再評価」「再概念化」「再構造化」「再分配」「再ローカリゼーション」「削減」「再利用」「リサイクル」で構成される。

〔53〕 Guy Kastler, in *Ensemble sauvons notre planète*, Propos recueillis par Marie-Florence Beaulieu, Paris, Trédaniel, 2005.

〔54〕 Hélène Tordjman, *La croissance verte contre la nature, op. cit.*, p. 326.

〔55〕 Lester R. Brown, *Eco-économie, une autre croissance est possible, écologique et durable*, Paris, Seuil, 2003.（邦訳：レスター・ブラウン編著『エコ・エコノミー』北濃秋子訳、家の光協会、2002年）

〔56〕 André Gorz, *Capitalisme, socialisme, écologie, op. cit.*, p. 188 à 197.（アンドレ・ゴルツ『資本主義・社会主義・エコロジー』前掲書、182-191頁）

〔57〕 *Ibid.*, p. 76.（前掲書、72頁）

〔58〕 *Ibid.*, pp. 188-189.（前掲書、182頁）

〔59〕 *Ibid.*, p. 194.（前掲書、188頁。＊訳を一部修正）

〔60〕 Bernard Maris, *Antimanuel d'économie, t. II : Les cigales*, Paris, Bréal, 2006, p. 109.

〔61〕 Gustavo Esteva « Une nouvelle source d'espoir : les marginaux », *Interculture*, No 119, printemps 1993, p. 43.

〔62〕 マルクスの娘婿ポール・ラファルグの古典的名著『怠ける権利』がある。労働を問い直す最近の著作としては､アンドレ･ゴルツ『労働のメタモルフォーズ』（前掲書）（André Gorz, *Métamorphoses du travail, op. cit.*）、ジェレミー・リフキン『大失業時代』（前掲書）（Jeremy Rifkin, *La fin du travail, op. cit.*）、ドミニク・メダ『労働』（前掲書：未邦訳）（Dominique Méda, *Le Travail, op. cit.*）、ジャック・ロバン『労働が脱工業化社会を去るとき』（前掲書：未邦訳）（Jacques Robin, *Quand le travail quitte la société post-industrielle, op. cit.*）がある。

〔63〕 これはイヴ・シュヴァルツの見解である。彼は労働を「人間の勤勉な活動」と定義し､その起源を250万年前の時代に求める。彼の著書『時間の形象』〔未邦訳〕（Yves Schwartz, *Figures du temps*, Marseille, Parentèses, 2002）所収の論文「労働と時間（Le travail et le temps)」（p. 77）を参照されたい。

〔64〕 拙著『経済の発明』(Serge Latouche, *L'invention de l'économie*, Paris, Albin Michel, 2005)､特に第2章｢労働の発明｣を参照されたい。関心のある読者は、小生の立ち位置の哲学的根拠をそこに見出すだろう。

〔65〕 Yolande Bonarrosch, « Le travail, norme et signification », *Revue du MAUSS*, « Travailler est-il (bien) naturel ? », n° 18, 2e semestre, 2001.

〔66〕 より完全な議論の展開を期待される読者は、このセクションの下地となった小生の2冊の著作『他のアフリカ――贈与と市場の狭間で』〔未邦訳〕(Serge Latouche, *L'autre Afrique : Entre don et marché*, Paris, Albin Michel, 1998) および『グローバリゼーションと脱成長――他のアフリカ』〔未邦訳〕(Serge

Latouche, *Entre mondialisation et décroissance. L'autre Afrique*, Lyon, A plus d'un titre éditions, 2008）を参照されたい。

〔67〕 Jacques Charmes, « Quelles politiques publiques face au secteur informel ? », *Notes et études de la Caisse centrale de coopération économique*, n° 23, avril 1989, p. 5.

〔68〕 例えば、ロジェ・スーの論文「第四の経済」（Roger Sue, « L'économie quaternaire», *Partage*, n° 99, août-septembre 1995）の議論を参照されたい。

〔69〕 Ivan Illich, *Le travail fantôme*, Paris, Seuil,1981.（邦訳：イヴァン・イリイチ著『シャドウ・ワーク――生活のあり方を問う』玉野井芳郎、栗原彬訳、岩波現代文庫、2006年）

〔70〕 Hernando de Soto, *L'autre sentier. La révolution informelle dans le tiers monde*, Paris, La Découverte, 1994.

〔71〕 筆者は長年研究をしてきたアフリカの事例を想定して議論している。ラテンアメリカやアジアのインフォーマル経済はアフリカのそれと多くの類似点をもつが、また同時に多くの相違点もある。

〔72〕 エマニュエル・ディオンの著作『クラスター状社会がもつ都市の力学』（未邦訳）（Emmanuel Ndione, *Dynamique urbaine d'une société en grappe*, ENDA-Dakar, 1987）および 同著『贈与と頼みの綱――都市経済の原動力』（未邦訳）（*Le don et le recours, ressorts de l'économie urbaine*, ENDA-Dakar, 1992）を参照されたい。ラテンアメリカでは全く同じとはいえないまでも類比する構造をペルーやチリ（マンフレッド・マックス・ニーフの研究）、またはメキシコ（グスタボ・エステバの研究）に見出せるだろう。マックス・ニーフ著『等身大の開発のためのオルタナティブ理論』（未邦訳）（Max Neef, *Contribution à une théorie alternative pour un développement à échelle humaine*, Santiago du Chili, CEPAUR (Centro de Alternativas de Desarrollo), 1986）および グスタボ・エステバ「周縁化された人々――新たな希望の源」（未邦訳）（Gustavo Esteva, « Une nouvelle source d'espoir : les marginaux », *art. cité*）をとくに参照されたい。

〔73〕 ダカールに拠点を置く ENDA-Tiers Monde の様々な出版物を参照されたい。また、エヴリン・ワースの論文「開発途上国の都市住民にとってどのような雇用と収入が必要か」（Eveline Waas « Quels emplois et revenus pour les citadins dans les pays en développement », *Cahiers de la DDA*, n° 2, 1992）も同様に参照されたい。

〔74〕 Eveline Waas, « Quels emplois et revenus pour les citadins dans les pays en développement ? », art. cité, p. 70. Soleymane Mbaye, *Secteur informel de Dakar : quelles politiques d'appui ?*, mémoire, IEDES, 1995 および Abdou Touré, *Les petits métiers d'Abidjan. L'imagination au secours de la conjoncture*, Paris, Karthala, 1985 も参照されたい。

〔75〕 自由主義思想家ギィ・ソルマン（Guy Sorman）が『諸国民の新たな富』（*La nouvelle richesse des nations*, Paris, Fayard, 1987）で述べた見事な表現である。

〔76〕 確かに、職人が生活の場や縁のある人々のために働くことをやめて匿名の市場——とくにグローバル市場や外部組織の命令——に対する依存を強めるようになると、民衆経済は下請け事業に成り下がる可能性がある。その時、生業の専門分化が強調される。つまり、熟練工の体系的な利用は労働者の搾取、さらには児童の誘拐や奴隷へと変わる。

〔77〕 David Hume, *Traité de la nature humaine* (1738). Jean-Claude Perrot, *Une histoire intellectuelle de l'économie politique*, Paris, Éditions de l'EHESS, 1992, p. 342-343 から引用。

〔78〕 インフォーマル・セクターという言葉は、1971 年 9 月にサセックス大学で開催された会議「ガーナにおけるインフォーマルな所得機会と都市の雇用」において経済人類学者のキース・ハートによって初めて使用された。彼の報告原稿は、1973 年に『現代アフリカ研究（*The Journal of Modern African Studies*)』（Vol. 11, p. 61-69）誌上で出版された。その後直後、インフォーマルという表現は国際労働機関（ILO）の研究報告書『雇用、所得、平等——ケニヤで生産的雇用を増加させるための戦略』（*Emplois, revenus et égalité. Stratésie pour accroître l'emploi productif au Kenya*, Genève, 英語版 1972 年、フランス語版 1974 年）において使用された。

〔79〕 Arturo Escobar, *Celebration of Common Man*, document ronéoté, 1988, p. 11.

〔80〕 このセクションでは、拙稿 Vivre autrement le même monde in *Economies choisies ?*, Paris, Editions de la MSH, 2004 の議論の大部分を再録した。

〔81〕 Yolande Benarrosch, « Les "trappes d'inactivité": chômage volontaire ou chômage de résistance? », *Revue travail et emploi*, juillet 2003.

〔82〕 Jean de Maillard, *Le marché fait sa loi. De l'usage du crime par la mondialisation*, Paris, Mille et une nuits, 2001.

〔83〕 これらの試みについては、*Défaire le développement, refaire le monde, op. cit.* を参照されたい。

〔84〕 *Formes contemporaines de l'économie informelle*, mission du patrimoine ethnologique, ministère de la Culture et de la Communication. この研究調査の骨子は既述した *Économies choisies ?* に収録されている。

〔85〕 Denis Poulot, *Le sublime ou le travailleur comme il est en 1870 et ce qu'il peut être*, Paris, Maspero, 1980.（邦訳：ドニ・プロ著『崇高なる者——19 世紀パリ民衆生活誌』見富尚人訳、岩波文庫、1990 年）

〔86〕 この点については、とくに拙稿 « Malaise dans l'association », in Laville et alii, *Association, démocratie et société civile*, Paris, La Découverte/MAUSS/CRIDA, 2001（*la revue Silence* (n° 289, novembre 2002) に再録）および « L'oxymore de l'économie solidaire », *Revue du MAUSS*, n° 21, 1er semestre 2003 を参照されたい。この 2 つの論文は、拙著『際限のない正義』（*Justice sans limites*, Paris, Fayard, 2003）所収の « L'oxymore de l'économie morale » という章で統合的に論じられている。

〔87〕 REPAS 出版から刊行されている下記の書籍を参考にされたい。Michel

Lulek, *Scions...travaillait autrement ? Ambiance bois, l'aventure d'un collectif autogéré*, édition REPAS, 2003. *Moutons rebelles, Ardelaine, la fibre du développement local*, édition REPAS, 2002.

〔88〕 Marshall Sahlins, *Âge de pierre, âge d'abondance, op. cit.*（邦訳：マーシャル・サーリンズ『石器時代の経済学』前掲書）

〔89〕 Jacques Ellul, *Changer de révolution*（Jean-Luc Porquet, *Jacques Ellul, l'homme qui avait (presque) tout prévu*, Paris, Le Cherche Midi, 2003, p. 212-213 からの引用)。

〔90〕 Patrick Chastenet, *Entretien avec Jacques Ellul*, La Table ronde, 1994, p. 342.

〔91〕 Serge Latouche, *L'autre Afrique entre don et marché*, Paris, Albin Michel, 1998.

〔92〕 Jérôme Baschet, *Basculement. Mondes émergents possibles désirables*, Paris, La Découverte, 2021, p. 102.

〔93〕 David Graeber, *Bullshit Jobs, op. cit.*（邦訳：デヴィッド・グレーバー『ブルシット・ジョブ』前掲書）

〔94〕 Jeremy Rifkin, *La fin du travail, op. cit.*（邦訳：ジェレミー・リフキン『大失業時代』前掲書）

〔95〕 Krisis, *Manifest gegen die Arbeit*, 1999 (traduction française, Paris, Léo Scheer, 2002, repris en 10 /18, 2004).

〔96〕 一部の人々は、労働を理念的な方法で再定義し、「現実に存在する」労働を忘れ去ることで「労働の救済」を絶望的に試みようとしている。これはアラン・シュピオの立ち位置である。Dominique Méda, « Notes pour en finir (vraiment) avec la 'fin du travail' », *Revue du MAUSS*, n° 18, 2e semestre, 2001 を参照されたい。

〔97〕 André Gorz, *Capitalisme, socialisme, écologie, op. cit.*, p. 58（邦訳：アンドレ・ゴルツ『資本主義、社会主義、エコロジー』前掲書、55 頁）

〔98〕 André Gorz, *Capitalisme, socialisme, écologie, op. cit.*, p. 63.（前掲書、60 頁。＊訳を一部修正）

〔99〕 Bertrand de Jouvenel, *Arcadie, essai sur le mieux-vivre*, Paris, SEDEIS, 1968, p. 178.

〔100〕 *Bullshit Jobs, op. cit.*（邦訳：デヴィッド・グレーバー『ブルシット・ジョブ』前掲書）

〔101〕 André Gorz, *Capitalisme, socialisme, écologie, op. cit.*, p. 65.（邦訳：アンドレ・ゴルツ『資本主義、社会主義、エコロジー』前掲書、62 頁）

〔102〕 André Gorz, *ibid.*, p. 12.（前掲書、12 頁）

〔103〕 André Gorz, *ibid.*, p. 40.（前掲書、37-38 頁。＊訳を一部修正）

〔104〕 *Ibid.*, p. 94.

〔105〕 Jacques Attali et Vincent Champain, *Changer de paradigme pour supprimer le chômage*, Fondation Jean-Jaurès, novembre 2005, p. 5. ; et Christophe Ramaux, *Emploi, op. cit.*, p. 144.

〔106〕 *Politique* Livre I, IV, 3. Edition des Belles Lettres, 1968, p. 17.

〔107〕 ケインズの有名な論文、『孫たちの経済的可能性』（*Perspectives économiques pour nos petits-enfants* in *La pauvreté dans l'abondance*, Paris, Gallimard, coll. « Tel », 2002）を参照されたい。

〔108〕 この点に関してエリュールは、次の2つの著作の影響を受けていた。1つ目はAdretという著者による有名な『1日2時間労働』（*Deux heures par jour*, Paris, Seuil, 1977）であり、もう1つは、Echanges et projetsという団体が出版した『選択的時間という革命』（*La révolution du temps choisi*, Paris, Albin Michel, 1960）である。

〔109〕 Jacques Ellul, *Changer de révolution*. Jean-Luc Porquet, *Jacques Ellul, l'homme qui avait (presque) tout prévue, op. cit.*, p. 200-251より引用。

〔110〕 *Ibid.*, p. 253 et p. 212-213.

〔111〕 Gabriel Tarde, *Fragment d'histoire future* (1896), Genève, Slatkine, 1980, p. 15.

〔112〕 Denis Poulot, *Le sublime ou le travailleur comme il est en 1870 et ce qu'il peut être, op. cit.*（邦訳：ドニ・プロ『崇高なる者―― 19世紀パリ民衆生活誌』前掲書）

〔113〕 André Gorz, *Capitalisme, socialisme, écologie, op. cit.*, p. 152.（邦訳：アンドレ・ゴルツ『資本主義、社会主義、エコロジー』前掲書、144頁）

〔114〕 ピエール・ジュヴェールによると「有機小麦の生産では、化学肥料を使用する農業の50％ほどの収穫しか得られない」（Pierre Gevaert, *Alerte au vivants et qui veulent le rester*, Ruralis, Commarque, 2005, p. 15）が、マルク・ドゥフミエールなどの他の農業研究者の評価によると、とくに熱帯地域の土壌に対して、生産力至上主義的な農業よりもパーマカルチャーとアグロフォレストリーの収穫量が高くなる。

〔115〕 Joffre Dumazedier, *Vers une civilisation du loisirs ?*, Paris, Seuil, 1962.（邦訳：J・デュマズディエ『余暇文明に向かって？』中島巌訳、東京創元社、1972年）

〔116〕 Henri Lefebvre, *La vie quotidienne dans le monde moderne* (1968). Thierry Paquot, *Eloge du luxe. De l'utilité de l'inutile*, Paris, Bourin, 2005, p. 29から引用。

〔117〕 André Gorz, *Capitalisme, socialisme, écologi, op. cit.*, p. 121.（邦訳：アンドレ・ゴルツ『資本主義、社会主義、エコロジー』前掲書、115頁。＊訳を一部修正）で引用されているライナー・ランドの言葉。

〔118〕 Daniel Mothé, *L'utopie du temps libre*, Paris, Esprit, 1977.

〔119〕 André Gorz, *Capitalisme, socialisme, écologie, op. cit.*, p. 152.（邦訳：アンドレ・ゴルツ『資本主義、社会主義、エコロジー』前掲書、144頁。＊訳を一部修正した）

〔120〕 *Ibid.*, p. 181-183.（前掲書、175-176頁。＊訳を一部修正）

〔121〕 François Brune, *De l'idéologie aujourd'hui*, Paris, Parangon, 2005, p. 167.

〔122〕 André Gorz, *Capitalisme, socialisme, écologie, op. cit.*, p. 127.（邦訳：アンドレ・ゴルツ『資本主義、社会主義、エコロジー』前掲書、119-120頁。＊訳を一部修正）

〔123〕 脱成長派のなかでベーシック・インカムに賛成する人々の著作としては、Vincent Liegey, Stéphane Madelaine, Christophe Ondet et Anne-Isabelle Veillot, *Manifeste pour une dotation inconditionnelle d'autonomie*, Paris, Utopia, 2013がある。反対論者の著作としては、Denis Bayon, *L'écolgie contre le revenu de base. Un salaire universel pour la décroissance*, Paris, La Dispute, 2021がある。

〔124〕 « Vers un revenu minimum inconditionnel ? », *Revue du MAUSS*, n° 7, 1er semestre 1996を参照されたい。

〔125〕 François (pape), *Un temps pour changer*, Paris, Flammarion, 2020. Benoît Hamon, *Ce qu'il faut de courage. Plaidoyer pour le revenu universel*, Sainte-Marguerite-sur-mer, Eauqteurs, 2020.

〔126〕 〔資本主義の〕無節度状態に限度を設けるために所得さらには資産に上限を設定すれば、民主主義的な平等性に意味を与えることができる。Alain Caillé (dir.), *De la convivialité. Dialogues sur la société conviviale à venir*, Paris, La Découverte, 2011, p. 21.

〔127〕 この過程についての詳細は、拙著『経済の発明』（*L'invention de l'économie*, Paris, Albin Michel, 2005）の第2章「労働の発明」を参照されたい。

〔128〕 Dany-Robert Dufour, *Fils d'anar et philosophe*, entretiens avec Thibault Isabel, Paris, R&N éditions, 2021, p. 200.

〔129〕 Chamfort, *Œuvres*, Paris, Le Club français du livre, 1960, p. 222. この逸話に注目するきっかけ筆者に与えてくれたのは、アンセルム・ジャッペである。Serge Latouche et Anselm Jappe, *Pour en finir avec l'économie. Décroissance et critique de la valeur*, Paris, Libre et solidaire, 2015を参照されたい。

〔130〕 Alain Supiot, *Le travail n'est pas une marchandise*, Paris, Edition du Collège de France, 2019. Thomas Coutrot, *Libérer le travail. Pourquoi la gauche s'en moque et pouquoi ça doit changer*, Paris, Seuil, 2018 ; Dominique Méda, Isabelle Ferreras et Juilie Battilana, *Le Manifeste Travail. Démocratiser, démarchandiser, dépolluer*, Paris, Seuil, 2020.

〔131〕 今日、技術官僚が「生態系サービス」と呼んでいる自然の所有権に関しても同様のことが起こっている。Hélène Tordjman, *La croissance verte contre la nature, op. cit.* を参照されたい。

〔132〕 この点に関しては、筆者が『際限のない正義(*Justice sans limites*)』のとくに第6章において発展させた議論を参照されたい。

〔133〕 Gabriel Tarde, *Fragment d'histoire future, op. cit.*, pp. 80-81.

〔134〕 ジャン・モネスチエの映画『オルタ労働(Alter-travail)』はこの状況を完璧に描いている。

〔135〕 Cornelius Castoriadis, *Démocratie et relativisme. Débat avec le MAUSS*, Paris, Mille et une nuits, 2010, p. 96.

〔訳註〕

序章

❖ 1　1795 年に英国バークシャー州スピーナムランドの裁判所によって導入された貧困補助制度。当時、イングランドおよびウェールズの農村の貧困層を対象に、パンの値段の上昇に応じた所得補助の給付を制度化した。しかしこの制度は産業資本主義の発展を加速化させたい中産階級の反対に遭い、1834 年に英国議会で新救貧法が採択されると同時に廃止された。本書で著者がしばしば言及する経済人類学者カール・ポランニーは、主著『大転換――市場社会の形成と崩壊』（野口建彦・栖原学訳、東洋経済新報社、2009 年）の第 7 章においてスピーナムランド制度の顚末について短い省察を与えており、同制度の廃止と新救貧法の成立をもって、自由市場における労働の商品化が貫徹されたと評している。今日、スピーナムランド制度はベーシック・インカムの社会実験のひとつとして認知されている。

❖ 2　フランスにおけるベーシック・インカムに相当する概念のひとつ。1990 年代半ばに、社会学者アラン・カイエ等によって提唱された。

❖ 3　1973 年の石油危機以来フランス社会が抱える失業問題を是正するために、左派・社会党の第 1 次ミッテラン政権開始時（1981 年）に週 35 時間法定労働時間制度への移行とワークシェアリングを組み合わせた雇用創出政策が提案された。しかし同政策案はミッテラン大統領時代（1981 ～ 1995 年）には具現化せず、法定労働時間は週 39 時間に短縮されたに過ぎなかった。結局、週 35 時間労働法案は、中道右派の第 1 次シラク政権時代（1995 ～ 2002 年）に社会党のリオネル・ジョスパンが第 16 代首相を務めた際に、同じく社会党出身のマルティーヌ・オブリー雇用・連帯大臣の指導の下で法制化された。通称「オブリー法」と呼ばれるこの法案は、1998 年 6 月 13 日に採択された「労働時間短縮に関する方向付けとインセンティブ付与のための法」（オブリー法 1）と、2000 年 1 月 19 日に採択された「交渉にもとづく労働時間短縮に関する法」（オブリー法 2）の 2 つの法案で構成される。前者は週 39 時間労働から週 35 時間労働への移行を実現する労使間交渉を促進するための法案であり、後者は週 35 時間労働制における詳細なルール（実質労働時間、休息時間、超過勤務時間など）を定めている。同法案の評価は経済主体（企業経営者、基幹職、時間給労働者など）

によってさまざまであるが、一定の雇用創出効果はあったとされている。しかし、2007年に就任した右派のサルコジ政権下では、経済成長のための長時間労働を推奨する雇用政策が主流化し、週35時間労働法は形骸化した。

❖4　2018年、失業中の若者に対してマクロン大統領が「街中を歩き回れば仕事は見つかる」と発言したことを皮肉っている表現である。

❖5　協同組合や非営利組織（NPO）などの協同組織（アソシエーション）が担うオルタナティブ経済活動。若者・移民・障がい者の就労支援、有機農業推進、ケアサービス、再生可能エネルギー促進、地域補完通貨の導入、協同組合銀行による融資活動、文化・芸術事業など、地域のさまざまな社会課題を解決し持続可能な地域の創造に取り組む。

第1章

❖1　良心的な経済成長反対論者（objecteurs de la croissance）。フランスのメディアや論壇では、脱成長派をこのように呼ぶこともある。フランス語のdécroissanceがマイナス成長や景気後退を意味するものとしてしばしば誤解を受けるため、脱成長派の主要な論点には賛同するがdécroissanceという言葉は用いたくないという知識人や研究者のなかには、「objecteurs de la croissance」という表現の方を好む者が多い。日本語に翻訳する際に「良心的な」という形容詞を補ったのは、脱成長派の多くが良識（ボン・サーンス）に適う社会の在り方を求める一環として経済成長に反対しているからである。

❖2　カードル（cadres）とはフランス独自の職層分類である。1982年のフランス国立統計局（INSEE）の職種・職位分類によると、カードルの資格を得るには高等専門大学校・大学水準の教育を受けているか、あるいはそれと同等水準の職業経験をもっている必要がある。企業におけるカードル層は経営陣、上級管理職、エンジニアなどの幹部職員である。しかし、上述の定義に合致する限り、社会的には芸術家やジャーナリストを含む自由業者もカードル層に入る。フランス語辞典ではカードルを「管理職」と訳すのが通例であるが、フランスにおける労働政策の専門家である清水耕一氏の『労働時間の政治経済学　フランスにおけるワークシェアリングの試み』（名古屋大学出版会、2010年）における用語解説を参考に、本書ではカードルを「基幹職（カードル）」と訳している。

❖3　オルタ・グローバリスト（altermondialiste）。公正なグローバル社会を構築するために、グローバル経済の制度変革を目指す左派の社会運動体。1998年にフランスで結成されたアソシエーションATTACの活動が有名。経済政策の基本哲学としては、グローバル・ケインズ主義の立場をとる。脱成長派とは同じ左派の運動体に属するが、経済成長主義の是非をめぐって両者の間で論争が続いている。

❖4　2016年7月、フランス政府は生物多様性保全の目的で農業におけるネオニコチノイド使用を禁止する法案を採択した。同法案は2018年9月より施行

されたが、2020年10月、マクロン政権は、砂糖製造のための甜菜（テンサイ）を生産する農家の救済策として、2023年7月までネオニコチノイド使用を時限的に許可する法案を通した。

❖5　フランスの文脈では、県の上位にある広域地域圏（レジョン région）を指す。

❖6　フランスで有機食材の地産地消を推進する消費者アソシエーション。各地域の消費者がグループを作り、近郊の有機農家と数か月単位の産直提携を行なう。有機農家を支えると同時に、地産地消を推進する効果をもつ。

❖7　イタリアで地産地消を推進する消費者アソシエーション。

❖8　Local Exchange Trading System (LETS)。1980年代初頭にカナダのブリティッシュコロンビア州のコートネイで始まった地域補完通貨の実践。1984年にロンドンで開催された「もうひとつの経済サミット（The Other Economic Summit-TOES）」で実践例が紹介されたのをきっかけに、世界的に普及した。

❖9　フランス語圏におけるLETSの取り組み。フランス語のSystème d'échange localの頭文字をとってSELと表現する。

❖10　地域補完通貨の1つ。近隣コミュニティの住民がグループを作り、時間単位でサービスを交換するシステム。例えば、Aさんが日常生活で手伝ってほしいことが生じた時（買い物、子守、家具の修理、引っ越し作業など）、グループにそのことを知らせる。グループの中に手伝える人（Bさん）がいたら、BさんがAさんのところに行き、頼まれた仕事を行なう。仕事の時間量に応じて、AさんがBさんに相応の地域通貨を支払う。コミュニティのグループのなかでたくさん手伝えば、それだけ地域通貨を稼ぐことができ、頼みごとをたくさんすれば、それだけ手持ちの地域通貨は減るというシステム。米国ニューヨーク州イサカで発行された地域通貨「イサカ・アワー（Ithaca Hour）」の事例が有名。タイムバンクが発行する地域通貨は近隣コミュニティのなかで相互扶助の社会関係資本を豊かにする効果を持つ。

❖11　選択的時間システム。1990年代にローヌ・アルプス地方に導入されたワークシェアリング制度。有志の勤労者が月額3500フラン（当時）の小切手を2年間受け取るのと引き換えに、1日の労働時間を半分に短縮し、失業者に雇用を与える仕組み。現地の非営利協同組織と連携して実施された。

❖12　都市住民による住区の自主管理。1970年代末からフランスの各都市で行なわれている、住民による生活改善のための自主管理運動のこと。

❖13　1999年にイタリアで設立された協同組合銀行の1つ。協同組合や非営利組織に融資を行なうことを目的とした銀行である。銀行の預金者は「組合員」と呼ばれる。預金の際には自分のお金が「社会的活動（貧困層の生活改善）」「文化的活動（歴史遺産保全）」「環境的活動（自然エネルギー導入）」「国際的活動（フェアトレード）」のどの分野に使われるべきか、融資先を指定することができる。

❖14　欧州の文脈では非営利セクターの経済のことを指す。日本の「第三セクター」とは意味が異なる点に注意。

❖15　原文で著者は、大文字のMで始まるMarchéと小文字のmで始まる複数形

の marchés を使い分けている。前者は近代ヨーロッパに誕生し、経済学の理論体系によって理念化された市場システムのこと。後者は世界各地の多様な文化のなかに存在するローカルな市場であり、その実態の複雑性と文化の論理は社会人類学／文化人類学によって可視化される。

❖ 16　「想念の脱植民地化」とは、未来社会を描く想像力／構想力を経済成長信仰の支配から解放していくこと。より根源的には、近代西洋の「際限なき進歩」の思想および関連するさまざまな観念（幸福、豊かさ、良き生活、科学、技術、経済……）の支配からの解放、すなわち「想念の脱西洋化」を意味する。ラトゥーシュの脱成長論の鍵概念である。

❖ 17　単一的思考（la pensée unique）。フランス語では、グローバリゼーションに内在する市場原理還元主義的な側面を、批判の意味を込めてこのように表現する。これに対して「地域（territoire）」は大地（terre）とコノテーションをもつ言葉であり、土地のもつ歴史、地形、生態系、風土、風景、文化などの具体性や多様性が強調される。つまり、「地域」は単一的思考の対抗概念として導入されている。

❖ 18　いやなことでも必要であれば行なうべきだという諺。

❖ 19　2006 年英国南西部の町トットネスではじまったコミュニティ・デザイン運動。将来的な石油枯渇を見据えて、化石燃料に依存しない永続するコミュニティを住民主体でつくることを目指している。世界 900 箇所以上で実践されている。

❖ 20　イリイチが『シャドウ・ワーク』で導入した概念。市場交換に支配されない自律自治的な生活空間のことを指す。

❖ 21　古代ギリシア都市国家の区画の名称。

❖ 22　古代ギリシア語で「視座の転換」を意味する。

❖ 23　著者が引用している資料は、Dominique Vérot, ʻL'agriculture biologique peut freiner l'hémorragie des emplois agricolesʼ, *La Revue Durable*, no. 10, avril 2004, pp. 25-28、および Eva Sas, « Conversion écologique de l'économie : quel impact sur l'emploi ? », *Cosmopolitique*, no. 13, Paris, Apogée, 2006 であると考えられる。2002 年当時のデータであり、現在のフランスの有機農業の状況を反映しているとは言い難い。Agence Bio（https://www.agencebio.org/）の統計データによると、2022 年のフランスにおける有機農場の割合は、全農場の 14％である。

❖ 24　気候変動の大加速化による文明崩壊を不可避の宿命として受け入れ、文明崩壊後の世界におけるローカルなサバイバル・シナリオを構想する研究者グループのこと。自らの学問を「崩壊学（collapsologie）」と呼んでいる。代表的な研究者は、パブロ・セルヴィーニュ、ラファエル・スティーブンス、イヴ・コシェである。崩壊学派の著作として日本語で読めるものとしては、セルヴィーニュ＆スティーブンス著『崩壊学――人類が直面している驚異の実態』（鳥取絹子訳、草思社、2019 年）がある。ローカルなオルタナティブを提案する点において脱成長派の議論と一部重なるように見受けられるが、⑴宿命論的な文明崩壊論を前提としている点、⑵公共政策など政治的企図が

欠けている点、(3)オルタナティブの実践例として排外主義的な極右的共同体主義の事例も認めている点において脱成長派の理論的視座と大きく異なる。近年フランスでは崩壊学派の影響が大きくなっており、脱成長派は一方で経済成長主義（ビジネス・アズ・ユージュアル）と、他方では崩壊学派との対決を通して自らの論陣を張っている。本書における著者の議論も、そのような文脈を意識した文章が散見される。

第2章

❖1　débouille とは、逆境や困難を臨機応変に乗り越えていく創意工夫、その基となる知恵のことを指す。

❖2　ブリコラージュとは、ありあわせの道具を用いて生活に必要なものを作ること。クロード・レヴィ＝ストロース『野生の思考』（大橋保夫訳、みすず書房、1976年）では、「器用仕事」と訳されている。

❖3　Hernado de Soto：ペルー出身の経済学者。ラテンアメリカのインフォーマル経済の第一人者。インフォーマル経済を近代化の過渡的な状況と捉え、新自由主義政策による市場化政策を提案した。ラトゥーシュの議論は、デ・ソートの研究の批判として展開されている。

❖4　冗談関係（joking relationship）。諸個人や諸部族の間で、冗談や侮蔑的言葉を投げかける間柄にある関係にあること。人類学者ラドクリフ＝ブラウンがアフリカ南部の部族社会において発見した慣習である。冗談は紛争回避や、異なる世代間、ジェンダー間の意思疎通のために交わされる。

❖5　セネガルの小型バス。

❖6　La grande société は、F・A・ハイエクが自由主義社会を表現するために使った「The Great Society」のフランス語訳である。ラトゥーシュは自由主義社会とアフリカのインフォーマル活動を対比させるために、意識的に「偉大な社会」という表現を用いている。

❖7　低賃金の搾取労働を引き受けざるをえない不法移民の状況は、雇用者の側から見るとありがたい存在である。フランスの人権擁護団体は、不法移民を搾取する雇用者を非難する意味を込めて「慈悲深いサン・パピエ」と表現することがある。

❖8　1973年にフランスのリマンで設立された反資本主義を理念とする農業協同組合ネットワーク。そのネットワークは現在、欧州と中米に広がっている。

❖9　イタリアの哲学者であり詩人のランツァ・デル・ヴァストの影響を受けて1948年に設立した自律自治共同体。ガンディーの非暴力思想を継承するメンバー（その多くはカトリック教徒）が参加し、織物などの手仕事や菜園での農作業をしながら共同体生活を営む。

❖10　1974年にパリで結成された自律自治共同体。イヌイットのアペル・ソンのエコロジー思想に影響を受けている。

❖11　bénévoles と bénévoleurs の言葉遊びは、フランスの社会学者パトリック・ヴィヴレによる。1990 年代から 2000 年代初頭にかけて、フランスの「社会科学における反功利主義運動」のなかではアソシエーション運動の矛盾に関する批判的研究が行なわれた。反体制的な社会活動（非政府組織、非営利組織など）が政府の助成金目当てに体制化していく傾向がある点を批判するために用いられた表現である。

❖12　エンマウス共同体（Emmaüs）とは、1949 年に神父アベ・ピエールが設立したコミュニティである。フランス社会において居場所を失った人々を無条件で受け入れ、彼らが生活や仕事をしながら再生する場所を提供している。受け入れられた人々は「エンマウス共同体の仲間（compagnons d'Emmaüs）と呼ばれる。

❖13　ベ・ド・ソンム（Baie de la Somme）は、オー・ド・フランス地域にある大きな河口であり、ソンム川が流れる。

❖14　グランデ・ブリエール（Grande Brière）は、ロワール河口の北にある湿地帯。

❖15　シュブリミズム（Sublimisme）とは、産業化と都市化が進んだ第二帝政期（1852 ～ 1870）のパリに現われた無政府主義的な労働者運動の 1 つ。当時、労働者階級の知的エリート層は協同組合運動を組織したり、行政の末端とつながりを持ちながら労働者階級の地位を高めようとする改良主義的アプローチを採用する一方で、大多数の労働者は社会的下降に追いやられたり、なんとか状況をしのぐような生活をしていた。シュブリミズムは後者の大多数の労働者のなかから出てきた運動であり、工場経営者を鼻であしらい、自由な労働者生活を謳歌しようとした。「われらは大地の創造者である神の子、我らの生業（メチエ）をまっとうしよう、愉快な労働は聖なる祈り、神を喜ばす者、それがこの崇高な労働者（Enfants de Dieu, créateur de la terre, Accomplissons chacun notre métier, Le gai travail est la sainte prière, Qui plaît à Dieu, ce SUBLIME ouvrier）」という詩が有名である。本書でラトゥーシュが参照しているドニ・プロ『崇高なる者』は、シュブリミズムを工場経営者の立場から描いたものであり、貴重な史料として定評がある。

❖16　1971 年にクレール・エベ＝サフランとマルク・エベ＝サフランによって設立されたアソシエーション。学校教育のなかでは教えられなくなった知識や技術（ノウハウ）を交換する民衆教育運動の 1 つである。

❖17　compromis はプラグマティックな妥協や折衷のことであり、compromission は不誠実で悪意のある妥協、つまり良心を危うくする妥協のことである。

第 3 章

❖1　ここで議論の対象となっているリフキンの著作は、英語原書 *The End of Work : The Decline Of The Global Labor Force And The Dawn Of The Post-Market Era*（G. P. Putnam's Sons, 1995）のフランス語訳 *La fin du travail*（Paris, La Découverte, 1996）である。邦訳は『大失業時代』（松浦雅之訳、TBS

ブリタニカ、1996年）という書名で刊行されたが、原書／フランス語訳のタイトルを直訳した「労働の終焉」のほうがラトゥーシュの議論の焦点を的確に表現するだろう。したがって、書誌情報以外の部分に関して、リフキンの書名に関連づけられた「La fin du travail」というフランス語は、すべて「労働の終焉」と訳している。

❖2　ドイツの左派グループ。伝統的なマルクス主義の枠を超えた資本主義批判の理論研究を行なう。フランスの極右団体「Krisis」（アラン・ド・ブノワ主宰）とは別団体。

❖3　travailには「労働」の他にも、「陣痛」「産みの苦しみ」「分娩」という意味がある。Femme en travailは分娩中の女性という意味。労働（travail）の範疇をあらゆる創造的活動に拡張する試みのなかでは、お産に「travail」という語が用いられるという事実が、労働イデオロギーを正当化する材料として利用されるということ。

❖4　「アルゴリズムの独裁」という表現は、マルクス主義の革命理論で語られている「プロレタリア独裁」の暗示的対比として読むと味わい深い。技術進歩は人間を賃労働から解放するのではなく、アルゴリズム独裁の下での新たな人間疎外を生み出しているという批判。

❖5　フランス語で阿片を意味するオピウム（opium）と、古代ギリシア語で奴隷労働から解放された自由時間を意味するオチウム（otium）との言葉遊び。

❖6　フランスの社会学者アラン・カイエを中心に1981年に設立された研究者ネットワーク。人間社会を市場原理中心に設計する経済学および功利主義のパラダイムに対抗するために、マルセル・モースやカール・ポランニーの人類学を基礎にオルタナティブな社会学理論の構築を目指している。ラトゥーシュもメンバーの1人。

❖7　社会科学における反功利主義運動（MAUSS）に所属する研究者たちのことを指す。

❖8　フランス語のinventionには「発明する」という意味の他に「でっちあげる」という意味もある。著者はこの二重の意味をこめて近代の経済パラダイムの歴史的特殊性を批判している。

❖9　マルクス&エンゲルス『共産党宣言』を締めくくる有名な言葉。

❖10　arraisonnementは、ドイツの哲学者マルティン・ハイデッガーが近代技術の本質を言い表すために用いたドイツ語Ge-stellのフランス語訳である（参照：Martin Heidegger « La question de la technique » dans Essas et conférences, Paris, Gallimard, 1958）。訳出にあたっては、ハイデッガー『技術への問い』（関口浩訳、平凡社、2009年）で用いられている訳語「集-立」を採用した。

❖11　「機械的かつ可逆的になった時間」とは、古典物理学（ニュートン）によって確立した時間概念のこと。近代の経済パラダイムはこの時間概念を採用していることから、「世界の人工化」の主因として本書で批判の対象とされている。

❖12　フランスの株式市場。

❖13　フランス語では労働力のことを文字通り「働き手（main d'œuvre）」と表現することに由来する言葉遊びである。

❖14　自己制御とは、消費社会の諸制度を民主的にコントロールすることを指す。脱成長理論では、個人の行動よりもむしろ、公共の熟議を通じた法規範の制定、環境負荷や不平等を生まない技術や経済体制の選択など、集合行為としての権力の自己制御が重視される。